AF292066

Wider die Propaganda deutscher Leitmedien

Ansichten eines Advocatus Diaboli
zur Berichterstattung über
Populismus und Russland

Wolfgang Feigs

Bibliografische Information der deutschen Nationalbibliothek:
Die Deutsche Nationalbibliothek verzeichnet diese Publikation
in der Deutschen Nationalbibliografie, detaillierte biografische
Daten sind im Internet über dnb.de abrufbar.

TWENTYSIX - Der Self-Publishing-Verlag
Eine Kooperation zwischen der Verlagsgruppe Random House und
BoD – Books on Demand

2. überarbeitete Auflage 2018

© 2017 Wolfgang Feigs

Herstellung und Verlag:
BoD - Books on Demand, Norderstedt

ISBN: 9783740733742

Inhalt

Der Anlass zu diesem Buch

Es begann mit den Berichten über die norwegischen Parlamentswahlen 2013 in deutschen Leitmedien, die zu einer Koalition von Høyre („norwegische CDU") und der liberalistischen Fremskrittsparti (Fortschrittspartei) führten. Die Fremskrittsparti, die in deutschen Leitmedien als rechtspopulistisch bezeichnet wird, wurde seit ihrer Gründung 1973 bis zu den Wahlen 2013 von allen anderen norwegischen Parteien ignoriert. Aufgrund parteiinterner Säuberungen und einem trotz aller Kritik hohen Wähleranteil gelang ihr der Eintritt in eine Koalitionsregierung mit der norwegischen CDU". In deutschen Leitmedien war aber nach den Wahlen so stark die Rede von einem Rechtsruck, dass man denken konnte, Quisling klopfe an die Tür. Und das Bedenkliche war, dass die Berichte so homogen und manipuliert erschienen, dass sie schon auf den ersten Blick den Eindruck erweckten, ideologisch blind abgeschrieben worden zu sein.

Ein weiteres Beispiel für Homogenität und Manipulation der Berichterstattung lieferte dann und liefert noch die Ukraine-Krise. Putins Rede nach dem Anschluss der Krim an Russland wurde von deutschen Leitmedien dahingehend interpretiert, dass Russland die Grenzen der Sowjetunion wiederherstellen wolle. Da dachte ich, so dumm kann doch Russland nicht sein und sich mit der NATO anlegen, denn die früheren Sowjetrepubliken des Baltikums waren ja NATO-Mitglieder geworden. Das veranlasste mich, die Rede Putins im russischen Original zu lesen. Dort fand sich jedoch nichts von einer Restauration der sowjetischen Grenzen.

Schließlich zeigen die Berichte über die Nahost-Krise in Bezug auf Russland dieselbe Homogenität und Manipulation wie die über die Ukraine-Krise. Russlands Eingreifen habe die Situation verschlechtert, indem es die moderate syrische Opposition, die es selbst laut amerikanischer Neokonservativer schwerlich gibt, bombardiere. Dagegen hatte das russische Eingreifen in Syrien die Beteiligten wieder an den Verhandlungstisch geführt.

In den genannten Beispielen bestehen Homogenität und Manipulation in politischem Mobbing. Sogenannte Rechtspopulisten werden als Wegbereiter für Rechtsextremismus beschimpft. Russland wird als „fortdauernde Sowjetmacht" geradezu verteufelt. Die westlichen Werte dagegen sind über alle Kritik erhaben. Das ergibt ein absolutes Schwarzweißweltbild. Im Schwarzen wird kein Weiß und im Weißen kein Schwarz gesehen, was typisch für Propaganda ist. Wer im Zusammenhang mit dem Flüchtlingsstrom von einer Belastbarkeitsgrenze in der Gesellschaft spricht oder Vorurteile Fremden gegenüber zeigt, wird als fremdenfeindlich oder xenophob charakterisiert. Da hilft es absolut nichts, immer wieder zu betonen, dass man ja nicht prinzipiell gegen die Aufnahme von Flüchtlingen ist. Dabei zeigen Meinungsumfragen verschiedener Institute, dass es eine solche Belastbarkeitsgrenze gibt. Laut einer Umfrage vom Januar 2016 stieg die Ablehnung der willkommen heißenden merkelschen Flüchtlingspolitik vom Herbst 2015 auf knapp 60%[1] und wird wohl weiter steigen, wenn der Flüchtlingsstrom nicht gestoppt werden kann und es an die Kosten dieser Politik geht. Was Vorurteile betrifft, sind sie natürlich falsche Generalisierungen. Bei weitem nicht alle Muslime sind Terroristen, doch kann man einem Muslim nicht ansehen, ob er ein Terrorist ist oder nicht. Deswegen ist man sozusagen vorsichtshalber reflexartig mehr oder weniger skeptisch. Diese Reaktionsweise muss als ganz natürlicher, psychischer Mechanismus ernst genommen werden und kann nicht mit Moralpredigten außer Kraft gesetzt werden. Und was Russland angeht, so stiftet es ausschließlich Unruhe. Auch hier ist die Realität nicht von Bedeutung, dass Russland maßgeblich an der Vernichtung der assadschen Chemiewaffen und dem Zustandekommen des Atomabkommens mit dem Iran beteiligt war.

Die Homogenität der Berichte kann natürlich tatsächlich durch – kostensparendes – Abschreiben aus Nachrichtenagenturen wie auch aufgrund gleicher Weltanschauung verursacht worden sein, doch wesentlich ist sie wohl letztlich auf die Vernetzung von Redakteuren mit politischen Lobbyismus betreibenden Nichtregierungsorganisationen wie auch Regierungsvertretern zurückzuführen. In Bezug auf die Ukraine-Krise wird z.B. die der CIA nahe „Atlantik-Brücke" als Erklärung für die homogene Ausrichtung der Berichterstattung angeführt.[2] Die „Atlantik-Brücke" ist eng verbunden mit den amerikanischen Organisationen „American Council on Germany" und „Council on Foreign Relations". Letztere hat zum Ziel, eine pro-internationalistische, d.h. wohl liberale interventionistische „regime change"-Außenpolitik der USA weltweit zu lancieren, u.a. mit der Förderung amerikafreundlicher Journalisten oder durch das sogenannte Peace Corps.[3] Der „Atlantik-Brücke" gehören Regierungsmitglieder, Politiker, Berater, Redakteure, Vertreter von Wirtschaft und Banken an, die auch über die „Atlantik-Brücke" und die beiden mit ihr verbundenen Organisationen hinaus gut vernetzt sind – national wie international. Die Mitgliedschaft in der „Atlantik-Brücke" ist nur durch Berufung durch den Vorstand möglich, also eine gezielte Auswahl. Wer das Privileg einer Mitgliedschaft in dieser elitären Organisation hat, wird es nicht mit Kritik an der amerikanischen Politik verspielen wollen. Einflussreiche Unternehmer in diesem Klub könnten ja dann z.B. Herausgebern mit dem Entzug von Werbung drohen, der das betreffende Medium finanziell zumindest schwächen würde. In der „Atlantik-Brücke" und den mit ihr verbundenen Organisationen wird offensichtlich die politische Linie vorgegeben, die dann von den verschiedenen Leitmedien unter Ausschluss kritischer Sichtweisen – auch mit Hilfe von PR-Firmen – unisono verbreitet werden soll. Hinsichtlich der Ukraine-Krise dominiert ganz eindeutig die amerikanische liberale interventionistische Sicht der Dinge. Der von den Herausgebern, Chefredakteuren und Redakteuren vorgegebenen Linie folgen dann die Journalisten nur zu willig aus Angst um Karriere und Job. In sogenannten Tendenzbetrieben wie den Leitmedien ist noch dazu der Kündigungsschutz eingeschränkt, weil laut §118 des Betriebsverfassungsgesetzes das Widerspruchsrecht des Betriebsrates gemäß §102 entfällt, wenn eine Kündigung wegen Nichtbefolgunng der vorgegebenen politischen Linie geschieht. Begünstigt wird diese Einschränkung der Meinungsvielfalt durch die ökonomisch bedingte Medienkonzentration und die Verbindung der Konzerne miteinander. Gleichzeitig erschwert die Medienkonzentration neuen Medienangeboten mit kritischem Inhalt den Zutritt zum Markt.[4] Alle diese Umstände gehen zu Lasten einer vielseitigen wie neutralen Berichterstattung, die dem Publikum die Grundlage für eigene Schlussfolgerungen bietet. Damit berauben sich die Medien selbst ihrer Rolle als vierter Gewalt im Staate und schaden damit der Demokratie. Meinungsvielfalt wird zu propagandistischer Meinungseinfalt, die charakteristisch für Diktaturen ist, wie z.B. für die DDR, wo das Politbüro der SED Inhalt und Formulierung der Berichterstattung der Medien bestimmte und damit Homogenität erzeugte. Gott sei Dank gibt es im sogenannten Westen immer noch auch Medien, die die Leitmedien kritisieren und damit der Beschädigung der Demokratie entgegenwirken, wenn sie auch im Schatten der Leitmedien liegen und einem nicht gerade in die Augen springen und vor Finanzierungsschwierigkeiten stehen.[5]

Den politisch mehr oder weniger voreingenommenen Leitmedien sind die Leser/Hörer mehr oder weniger hilflos ausgesetzt. Für viele sind die Leitmedien immer noch Autoritäten, und wenn mehrere Autoritäten dasselbe sagen, dann müsse das doch wahr sein. Diesem Ausgesetztsein entkommt man nur durch breite Orientierung und dauerndes Hinterfragen der Informationen. Doch das erfordert Zeit und Kräfte, was vielen fehlt. Schon das Auffinden kritischer Medien ist nicht einfach. Und auch sie müssen überprüft werden, indem man zu den Quellen der Informationen geht, sofern diese überhaupt angeführt werden. Weiter sind auch Fremdsprachenkenntnisse erforderlich. Englisch sowieso, doch am besten etwas mehr. Übersetzungen liegen ja nicht immer vor, und referierte Inhalte von Quellen müssen ja nicht immer korrekt sein. Diese Schwierigkeiten kommen natürlich der Wirkung der medialen Propaganda entgegen. Wie der Arzt mit seinem Wissen dem Patienten hilft, sollte aber auch der Journalist mit seinem Wissen dem Publikum helfen und es nicht propagandistisch manipulieren.

Ein günstiger Nährboden für die Wirkung der Propaganda ist dazu die historische Furcht des Westens vor dem Kommunismus, besonders verstärkt durch die russische Revolution von 1917 und die Stalinzeit, die immer noch fortdauere. Für die Wirkung der russischen Propaganda ist es die aus der Zeit des II. Weltkrieges stammende Furcht vor Faschismus, heute im Nachbarland Ukraine mit einer großen russischen Minorität.

Blieben die propagandistischen Leitmedienberichte über die norwegischen Parlamentswahlen von 2013 ohne die prognostizierten Folgen (Quisling klopfte nicht an die Tür), so sind die antirussischen Berichte über die Ukraine-, Nahost-, kurz die Westen-Russland-Krise, keineswegs folgenlos. Sie sind vielmehr konfliktverschärfend, wenn nicht sogar kriegsvorbereitend. Das hat mich, der ich den II. Weltkrieg miterlebt habe, in Schrecken versetzt, so etwas eventuell noch einmal miterleben zu müssen, und dazu veranlasst, der Propaganda der Leitmedien als Advocatus Diaboli mit Informationen, die in den Leitmedien fehlen, entgegenzuwirken.

Die dazu erforderliche Kritik an der amerikanischen Russlandpolitik wird von den Leitmedien und ihren Opfern schnell als Antiamerikanismus und verächtlich als Putinverstehen abgetan. Dass die amerikanische Außenpolitik auch in den USA heftig kritisiert wird, bleibt unberücksichtigt. Es ist wie mit dem Israel-Palästina-Konflikt: Kritik an der israelischen Palästina-Politik außerhalb Israels wird schnell als antisemitisch bezeichnet, selbst wenn sie der innerisraelischen gleicht. Doch wer es in Europa nicht für nötig hält, die USA für politische Fehler zu kritisieren, erweist den USA und Europa einen Bärendienst.

1. Die norwegischen Parlamentswahlen von 2013 in der Propaganda deutscher Leitmedien

Am 8. und 9. September 2013 fanden in Norwegen Parlamentswahlen statt. Verlierer war die rot-rot-grüne Koalitionsregierung. Gewonnen hatte die sogenannte bürgerliche Opposition.

Die rot-rot-grüne Koalition bestand aus Sozialdemokraten (Arbeiderparti), der Sozialistischen Linkspartei (Sosialistisk Venstreparti), die mit der deutschen Die Linke vergleichbar ist, und einer Distrikts-/Umwelt-Partei (Senterparti).

Die bürgerliche Opposition ist zusammengesetzt aus der mit der deutschen CDU vergleichbaren Partei Høyre, einer streng christlichen Partei (Kristelig Folkeparti), einer liberalen, stark umweltorientierten Partei (Venstre) und der liberalistischen Fortschrittspartei (Fremskrittsparti).

Die Reaktion auf diese Wahlen in den Online-Versionen des *Spiegel*, des Nachrichtenmagazins *Focus*, des *Stern*, der *Zeit*, der *Süddeutschen Zeitung* und der *Frankfurter Allgemeinen* war so unisono abwegig, dass sie zu einer Richtigstellung herausforderte.

In allen diesen Medien dominierte die Fortschrittspartei. Sie wurde im Bild oder verbal mit dem norwegischen Rechtsextremisten Anders Behring Breivik, der am 22. Juli 2011 77 Menschen (überwiegend junge Sozialdemokraten) ermordete, in Verbindung gebracht. Außerdem wurde sie als rechtspopulistisch à la niederländische Partij voor de Vrijheid, französischer Front National etc. charakterisiert. Sie sei gegen Einwanderung bzw. betreibe eine rigide Einwanderungspolitik, sie sei gegen Steuern und habe den Wählern hohe Zahlungen aus dem norwegischen Ölfonds versprochen. Nur die *Frankfurter Allgemeine* berichtete etwas ausführlicher über die Fortschrittspartei und brachte eine kurze Geschichte der Partei von ihrem Anfang als reiner Protestpartei bis – nach wiederholter Säuberung – zu ihrer Fähigkeit zur Beteiligung an einer Regierung mit der „norwegischen CDU" und der Duldung durch die anderen, kleinen bürgerlichen Parteien. Die „norwegische

CDU" ist nach den Sozialdemokraten die zweitgrößte, teils sogar größte Partei des Landes, die Fortschrittspartei die drittgrößte.

Viele unter den Verlierern der Wahl stimmten der negativen Charakteristik der Fortschrittspartei in den genannten deutschen Leitmedien zu, ja schienen diese als willkommenen Anlass zu sehen, die Bildung einer bürgerlichen Regierung zu torpedieren.

Auf den Punkt gebracht: Norwegen erschien in der deutschen – und internationalen – Presse als ein Land, in dem ein erschreckender Rechtsruck stattgefunden habe.

Das ist jedoch so realitätsfern wie nur möglich. Die Fortschrittspartei ist keine rechtsextreme Partei. In ihrem Prinzipienprogramm[6] heißt es u.a.:

"Die Fortschrittspartei ist eine liberalistische Volkspartei. Sie basiert auf der norwegischen Verfassung, norwegischer und westlicher Tradition sowie norwegischem und westlichem Kulturerbe, gegründet auf christlicher Weltanschauung und humanistischen Werten."

Bei der Charakterisierung dieser Partei als einer populistischen Partei darf nicht unterschlagen werden, dass diese Charakteristik auch für eine ganze Reihe salonfähiger Parteien zutrifft. Laut Duden[7] ist Populismus eine

"von Opportunismus geprägte, volksnahe, oft demagogische Politik mit dem Ziel, durch Dramatisierung der politischen Lage die Gunst der Massen (im Hinblick auf Wahlen) zu gewinnen; eine Besonderheit des Populismus: die programmatische Unschärfe".

Die Fortschrittspartei ist so wenig opportunistisch und so viel demagogisch wie andere Parteien es auch sein können. Politische Parteien mit einem verpflichtenden Programm können sich jedenfalls in entscheidenden Fragen aus Gründen der Selbsterhaltung schwer einen dem Programm widersprechenden Opportunismus erlauben. Andererseits lässt das Programm der Fortschrittspartei kaum etwas an Deutlichkeit zu wünschen übrig, was in der heftigen

Kritik besonders von Seiten der politischen Linken zum Ausdruck kommt. Und was das Demagogische in der Duden-Definition betrifft, liefert der Wahlkampf-Tenor auch der rot-rot-grünen norwegischen Koalition ein Beispiel: Ein Sieg der bürgerlichen Opposition führe zur einer Katastrophe für den Wohlfahrtsstaat. Dabei dürfte aber eine gegen den langjährig etablierten Wohlfahrtsstaat betriebene Politik eine bürgerliche Regierung recht bald aus dem Amt jagen.

Die düstere Lagebeschreibung der Fortschrittspartei und ihrer bürgerlichen Partner bezog sich dagegen auf konkrete Mißstände. Die Infrastruktur war schlecht und verfiel. Viele Straßen waren in einem schlechten Zustand und Tunnels unsicher. Der Eisenbahnverkehr erfolgte auf einem veralteten Schienennetz mit veralteten Signalanlagen. Zugausfälle und -verspätungen waren an der Tagesordnung. Die rot-rot-grüne Koalition wollte den Lastkraftwagenverkehr auf die Schiene verlegen und damit die Umwelt schonen, doch dann diskutierte man, die Länge der Lastkraftwagen zu erweitern, um die Versorgung zu sichern. Es gab nicht genug Gefängnisplätze, so dass Verurteilte auf den Strafvollzug warten mussten und frei herumliefen. Viele Patienten mussten lange Wartezeiten hinnehmen, bevor sie ärztlich behandelt werden konnten. In der Altenpflege mangelte es an Personal, was zu einer Betreuung mit der Stoppuhr führte. Und manches andere mehr und auch heute noch. Wie kann es da in der *Zeit* heißen, Norwegen habe keine ernsten Probleme? Welche Norweger haben die Frage des *Zeit*-Reporters, was Stoltenberg falsch gemacht habe – in acht Jahren Regierungszeit – mit "gar nichts"[8] beantwortet?

Wie ist es möglich, dass ein so reiches Land wie Norwegen solche Probleme hat? Von den weltweit gewinnbringend investierten Einnahmen aus dem Öl- und Gasgeschäft werden jährlich nur die Zinsen, und zwar nur bis zu einer verträglichen Grenze, für staatliche Ausgaben verwendet. Das Investitionskapital selbst bleibt erhalten. Das soll eine ökonomische Überhitzung verhindern und kommenden Generationen nach Art eines Perpetuum mobile Wohlstand sichern. So weit so gut. Aber ist es angebracht, das Land verfallen zu lassen, dass künftige Generationen es mit dem ererbten Geld restaurieren müssen? Warum kann man den Verfall nicht heute aufhalten und den künftigen Generationen die Enttäuschung ersparen? Das würde zu Inflation führen. Aber man könnte doch bei Arbeitskräftemangel ausländische Firmen engagieren, deren Arbeiter nach den Tarifen des Heimatlandes bezahlt werden und auf Kosten dieser Firmen untergebracht und versorgt werden. Dagegen opponiert jedoch die norwegische Dachgewerkschaft, die eng mit der Sozialdemokratischen Partei verkoppelt ist, die mit relativ kurzen Unterbrechungen seit Jahrzehnten die Regierung stellt: Ausländische Arbeiter sollen nach dem norwegischen Tarif entlohnt werden. Soviel zur Andeutung der Probleme und damit zurück zur Fortschrittspartei. Sie schlägt eine Aufteilung der Zinserträge aus den investierten Öl- und Gaseinnahmen in einen Investitions- und einen Konsumteil vor. Der Investitionsteil soll zur Behebung der existierenden Mißstände im Lande dienen und den Übergang in die Zeit nach der Erschöpfung der Öl- und Gasvorkommen sichern. Die Vorsitzende der Fortschrittspartei hat zwar Margaret Thatcher zum Vorbild, aber dieser Vorschlag muss wohl als überlegenswert bezeichnet werden können. Sie hat den Wählern keineswegs ”höhere Zahlungen aus dem durch Öleinnahmen finanzierten Pensionsfonds versprochen” (*Spiegel, Focus, Süddeutsche Zeitung, Frankfurter Allgemeine*). Dass die Fortschrittspartei für Steuersenkungen eintritt, wie es in den durchgesehenen deutschen Medien heißt, ist eine andere Sache. Das tun ja auch nicht als rechtspopulistisch charakterisierte Parteien.

Was nun mit dem ’rechts’ in rechtspopulistisch? Mit dem politischen Begriff ’rechts’ ist es z.B. wie mit dem Begriff ’Schulter’: Wo hört der Arm auf, wo fängt die Schulter an? Er ist unklar. Hinzu kommt, dass hier auch ein Missverständnis zwischen Norwegisch und Deutsch zu existieren scheint. Die norwegische ”CDU” trägt den Namen Høyre und das bedeutet auf Deutsch ”Rechte”. Wie stünde es um die deutsche CDU, wenn sie ”Die Rechte” hieße?

In den genannten deutschen Medien wird 'rechts' nicht nur mit der Koppelung zu dem rechtsextremen norwegischen Massenmörder Anders Behring Breivik untermauert, sondern auch mit der behaupteten Fremdenfeindlichkeit der Fortschrittspartei. Vergleicht man jedoch das Programm der Fortschrittspartei mit dem der niederländischen, ebenfalls als rechtspopulistisch bezeichneten Partij voor de Vrijheid[9], findet man im Programm der Fortschrittspartei keine Parolen wie:

"Immigrationsstopp für Personen aus islamischen Ländern [...] Assimilationsvertrag: Nicht unterschrieben oder befolgt=raus aus dem Land [...] Der Islam ist keine Religion, sondern eine totalitäre Ideologie" usw.

Auch eine Entsprechung zu der radikalen *"Franzosen zuerst"*- Forderung des als rechtspopulistisch charakterisierten französischen Front National sucht man vergebens im Programm der Fortschrittspartei.

Die Fortschrittspartei lehnt dagegen Einwanderung prinzipiell nicht ab in ihrem Handlungsprogramm[10] und tritt dafür ein

"dass allen mit einer Aufenthaltserlaubnis für Norwegen eine gerechte Behandlung gesichert wird."

Sozialleistungen sollten allerdings

"in größerem Maße an eine Staatsbürgerschaft oder andere zweckmäßige Begrenzungen"

gebunden sein. Und weiter heißt es dort:

"Die Fortschrittspartei will, dass Norwegen seine internationalen Verpflichtungen erfüllt und Flüchtlingen hilft."

Mit dem einschränkenden Vorschlag:

"Anstatt viele Flüchtlinge in Norwegen aufzunehmen, sollte Norwegen in größerem Umfang dazu beitragen, die Kosten für Flücht-

lingslager in eigenen benachbarten Gebieten der Flüchtlinge zu decken."

Zur Einwanderung von Arbeitskräften heißt es schließlich:

"Im Ausgangspunkt sollte Norwegen seinen Bedarf an Arbeits-kräften aus der eigenen Bevölkerung decken [...] Darüber hinausgehender Bedarf kann in großem Umfang durch Arbeits-kräfte aus dem Gebiet des Europäischen Wirtschaftsraumes gedeckt werden. Es sollte möglich sein, Arbeitskräfte auch aus Gebieten außerhalb des Europäischen Wirtschaftsraumes zu holen, primär basiert auf zeitbegrenzten Kontrakten."

Zur Einwanderung über die genannten Fälle hinaus heißt es:

"Es besteht Grund zu befürchten, dass eine fortgesetzte Ein-wanderung von Asylbewerbern von nur annähernd dem Umfang der letzten Jahrzehnte zu ernsthaften Gegensätzen zwischen Be-völkerungsgruppen in Norwegen führen wird. Es ist ethisch unver-antwortlich, diese Einwanderung nicht zu begrenzen, um Konflikten in der norwegischen Gesellschaft vorzubeugen."

Diese Auffassung wird auch von der deutschen CSU in deren Pro-gramm von 2007[11] vertreten:

"Doch die Integrationsfähigkeit unseres Volkes hat Grenzen. Keine Gesellschaft kann Menschen anderer kultureller Prägung in belie-biger Zahl integrieren."

Niemand regt sich aber darüber auf, dass die CSU mit der CDU in einer Dauerkoalition verbunden ist. Doch im Falle Norwegen wird eine Koalition der Fortschrittspartei mit der „norwegischen CDU" bitter attackiert. Und sogar im Programm der norwegischen Sozialdemokraten 2013-2017[12] kann man lesen:

"Aber Norwegen kann nicht alle, die in Norwegen zu leben wün-schen, aufnehmen."

Übrigens hat Norwegen seit 1975 einen Einwanderungsstopp, der, mit etlichen hinzugekommenen Ausnahmen, bis heute in Kraft ist und auch von den Sozialdemokraten getragen wird.[13]

Die Berichterstattung über die norwegischen Wahlen in den untersuchten deutschen Leitmedien ist also von mangelnder Kenntnis der norwegischen Gesellschaft und ideologisch motivierter Einseitigkeit geprägt. Letztere kommt in dem Vorwurf der Fremdenfeindlichkeit zum Ausdruck. Dass die norwegische Fortschrittspartei wie die deutsche CSU auf eine fortwährende hohe Einwanderung mit der Befürchtung einer Destabilisierung der Gesellschaft reagiert, wird als quasi angeborenes aggressives Verhalten gegenüber Fremden betrachtet. Die wesentlichen Ursachen des Flüchtlingsstromes, nämlich die imperialistische amerikanische Nahost-Politik sowie eine fehlgeschlagene westliche Afrika-Politik, werden kaum genannt bzw. einfach verschwiegen. Das durch diese verzerrte Berichterstattung in mir geweckte Misstrauen den Leitmedien gegenüber bildete so die Grundlage für eine kritische Haltung gegenüber den Medienberichten über die Westen-Russland-Krise.

2. Die Westen-Russland-Krise in der Propaganda deutscher Leitmedien 2014-2016

Auch hier ist die Berichterstattung wie die der norwegischen Parlamentswahlen homogen und manipuliert. Unisono werden in den Leitmedien Fakten verschwiegen, Probleme marginalisiert, Personen und der ganze Staat vorverurteilt und diffamiert, und es wird einseitig Partei ergriffen.

Der Propaganda-Trick mit den weitestreichenden Konsequenzen besteht im Verschweigen, dass das Assoziierungsabkommen der EU mit der Ukraine, ein Vorstoß in die russische Interessensphäre, der Auslöser der Westen-Russland-Krise war. Damit wird die Reaktion Russlands auf dieses Abkommen zur aggressiven Aktion Russlands gemacht, womit die Wiederbelebung eines alten Feindbildes und ein erneutes Wettrüsten eingeleitet wird. Russlands Reaktion hinsichtlich Krim und Ostukraine wird als völkerrechtswidrig angesehen. Doch warum wird die reale geopolitische Situation beharrlich verschwiegen? Warum hat man im Falle amerikanischer Interventionen wie z.B. beim Sturz Salvador Allendes in Chile 1973 nicht einen so rigiden völkerrechtlichen Standpunkt eingenommen, sondern sich geopolitisch verhalten? Völkerrechtliche Korrektheit und geopolitische Interessen je nach Vorteil für die eigene Sache zu vertreten, also mit doppelten Standards zu operieren, ist unfair und begünstigt Konflikte. Auch ist es inakzeptabel, ohne zwingende humanitäre Gründe mit Provokationen gegen die geopolitische Realität Verstöße gegen das Völkerrecht zu inszenieren und damit kriegstreibende Spannungen zu erzeugen, um den Konkurrenten auszuschalten.

Im Ersten Programm des deutschen Fernsehens wurden kommentarlos Soldaten der sogenannten Kiewer Anti-Terroreinheiten gezeigt, auf deren Stahlhelmen Nazi-Symbole zu sehen waren. Überhaupt erfährt man in deutschen Leitmedien wenig über das Wirken ukrainischer Rechtsextremisten. Aufgrund der Kritik zahlreicher

Zuschauer an der Ukraine-Berichterstattung des Ersten Programms sah sich der ARD-Programmbeirat veranlasst, diese Berichterstattung als einseitig zu Lasten Russlands, als undifferenziert und lückenhaft zu chakterisieren.[14]

Im Falle des Georgien-Krieges wurde Russland sofort zum Aggressor gestempelt. Die „Independent International Fact-Finding Mission on the Conflict in Georgia" der EU gab jedoch eindeutig Georgien die Schuld, den Krieg ausgelöst zu haben.[15]

Für den Abschuss der malaysischen Verkehrsmaschine über der Ostukraine 2014 wurde sofort Russland/Putin verantwortlich gemacht. Dabei ist die Schuldfrage bis heute ungeklärt[16], doch die Vorverurteilung genügte, weitere Sanktionen gegen Russland zu beschließen.

Russland wird auf dem Weg zurück zu sowjetischen Verhältnissen gesehen, und Putin wird wie nie ein Sowjetführer in der Zeit des Kalten Krieges diffamiert. Er ist das ausgemachte Böse. Es sollte nicht verwundern, wenn er auch für Naturkatastrophen im Westen verantwortlich gemacht würde. Er soll ja schon westliche Kritiker an der westlichen Anti-Russland-Politik, die als „Putinversteher" verspottet werden, bezahlen. Da sollen also Roman Herzog, Helmut Kohl, Hans-Dietrich Genscher, Henry Kissinger, Egon Bahr usw. auf einer Moskauer Gehaltsliste stehen bzw. gestanden haben? Da besteht natürlich die Notwendigkeit, dass sich die EU medial zur Wehr setzt und einen Sender errichten will, der die westliche „Wahrheit" nach Russland bringen soll. Bei der Finanzierung eines solchen Senders hat also die ansonsten rigoros vertretene Sparpolitik zur Behebung der Finanzkrise keine Gültigkeit.

Im amerikanischen Präsidentschaftswahlkampf wurden 20.000 interne E-Mails und Audiobotschaften der Zentrale der amerikanischen Demokratischen Partei veröffentlicht, aus denen u.a. hervorgeht, wie Bernie Sanders zugunsten von Hillary Clinton diffamiert werden sollte. Daraufhin musste die Parteichefin Debbie Wasserman Schultz zurücktreten. Also ein Schuldgeständnis! Doch wem wurde umgehend letztlich die Schuld an der Veröffentlichung dieser und anderer kompromittierender Unterlagen zugewiesen: Russland und Putin.[17] Wer diese Unterlagen veröffentlicht hat, ist ja aber gänzlich uninteressant. Von Bedeutung sind einzig und allein der Inhalt und die Verfasser der Unterlagen. Oder zugespitzt: Ist nun plötzlich derjenige der Verbrecher, der das Verbrechen ans Tageslicht bringt, und nicht derjenige, der es begangen hat? Es ist derselbe Trick wie in der Darstellung der Ukraine-Krise in den Leitmedien. Die Ursache für den Anschluss der Krim an Russland, das Assoziierungsabkommen der EU mit der Ukraine, wird ausgeblendet und die russische Reaktion auf das Abkommen zur aggressiven russischen Aktion gemacht. In der sogenannten Hacker-Affäre wird der Inhalt der Mails ausgeblendet und das bloße – noch dazu lediglich vermutete – russische Hacken als Eingriff in die amerikanischen Präsidentschaftswahlen und als feindlicher Akt gebrandmarkt.

Einseitige Parteinahme für Kiew zeigt sich besonders, wenn es um die Erfüllung der Bedingungen des Minsker Abkommens geht. Fast ausschließlich wird Russland beschuldigt, das Abkommen nicht zu erfüllen, Kiew dagegen kaum, obwohl die Kiewer Oligarchen „gute" Gründe haben, das Abkommen zu boykottieren, da es eine Föderalisierung der Ukraine vorsieht, die ihre Macht beschneiden würde.

In Syrien wird Russland schließlich vorgeworfen, auch gegen die sog. moderate Opposition gegen Bashar al-Assad vorzugehen, die von den USA, der Türkei, Saudi-Arabien und Katar unterstützt wird. Mit diesem Vorwurf wird verschwiegen, dass die sogenannte moderate Opposition in Wirklichkeit von einem syrischen Ableger von al-Qaida dominiert wird.[18] Dass Russland Assad unterstützt, wird als Unterstützung eines verbrecherischen Diktators verurteilt, aber wer garantiert, dass eine Machtübernahme durch eine heillos zerstrittene Opposition Syrien stabilisieren kann? Man denke nur an die „failed states" Afghanistan, den Irak und Libyen. Das Assad-

Regime war vor dem Bürgerkrieg sogar dabei liberalisiert zu werden, und es war, verglichen mit anderen Nahost-Staaten, eher moderat. Das erklärt, warum Assad immer noch einen Rückhalt in der Bevölkerung – vor allem in den syrischen Christen – hat. Die Frage, ob es das Assad-Regime war, das Giftgas eingesetzt hat, ist bis heute nicht zweifelsfrei beantwortet. Der Vorwurf der Menschenrechtsverletzungen in syrischen Gefängnissen wird als propagandistisch überzogen betrachtet, was ihn freilich nicht aus der Welt schafft, doch sollte er im Vergleich mit z.B. Saudi-Arabien gesehen werden.[19] Des Weiteren wurde auch ein wichtiges Ziel des russischen Vorgehens, nämlich die Kontrolle über die syrisch-türkische Grenze zu erlangen, in den Leitmedien verschwiegen. Es ist nur die Rede von russischen Bombardements, dadurch getöteten Zivilisten – als ob der Westen keine Zivilisten tötete – und einen dadurch ausgelösten Flüchtlingsstrom. Dabei ist die Kontrolle dieser Grenze so überaus wichtig, um Nachschub und Rückzugsmöglichkeiten der Islamisten zu unterbinden.[20] Also ein Schritt in Richtung Kriegsende!

3. Die Westen-Russland-Krise in Wirklichkeit

3.1 Der außenpolitische Kontext
3.1.1 Die amerikanische Außenpolitik

Folgende vier Denkrichtungen können die amerikanische Außenpolitik überparteilich bestimmen: Neokonservatismus, liberaler Interventionismus, Isolationismus und Realismus.[21] Zur Zeit haben
Neokonservativismus und liberaler Interventionismus mit Unterstützung von think tanks und den Mainstream-Medien entscheidenden Einfluss. Von alledem erfährt man in deutschen Leitmedien
nichts.

Hauptziel der amerikanischen Außenpolitik ist für die Neokonservativen die Förderung von Demokratie und offenen Märkten in der
Welt. Das soll, wenn nötig auch mit Hilfe von Lügen für eine gute
Sache[22] sowie Androhung und Anwendung von militärischer Gewalt ohne Behinderung durch die UNO geschehen. Das sei nicht
nur im Interesse der Zielstaaten, sondern auch im Interesse der
USA selbst. Eine total nach dem amerikanischen Vorbild demo-
kratisierte Welt bringe Sicherheit und Wohlstand für alle, da
Demokratien prinzipiell friedfertig seien. Dieser Missionierungs-
drang basiert letztlich auf dem „American Exceptionalism", der als
Überlegenheit des amerikanischen Gesellschaftsmodells interpretiert wird und seit der progressiven amerikanischen Verfassung von
1791 und dem Aufstieg Amerikas tief in der amerikanischen Geschichte verwurzelt ist. Neben der Demokratieföderung ist der
Neokonservativismus von einem überzogenen Gefühl des Bedrohtseins durch als nicht-demokratisch betrachtete Staaten wie
seinerzeit die Sowjetunion und heute Russland geprägt. Im Einklang damit hält der neue NATO-Oberbefehlshaber Curtis
Scaparrotti Russland für den größten Feind der USA. Und Barack
Obama hat 2016 ein Dekret unterschrieben, das Hackerangriffe mit
militärischen Angriffen gleichsetzt und somit den NATO-
Bündnisfall auslösen können. Eine an Russland und China gerichtete Drohung, die man bezichtigt, Cyberangriffe auf die USA zu
verüben. Abgesehen davon, dass die Urheber von Cyberangriffen

schwer auszumachen sind, sollte doch wohl ein Gegen-Cyberangriff die natürliche Alternative sein an Stelle von Krieg bzw. im schlimmsten Fall Atomkrieg.[23]

Demokratieförderung und offene Märkte gehören auch zum außenpolitischen Programm der liberalen Interventionisten, zu denen Barack Obama zählt, wie aus seiner Ukraine-, Russland-, Nahost- und Libyenpolitik hervorgeht. Doch ist für sie militärische Gewalt dabei eine Ultima Ratio. Die Demokratisierung anderer Staaten soll weitestgehend mit friedlichen Mitteln wie mit Aktivitäten von Nichtregierungsorganisationen und Geheimdiensten sowie mit Hilfe internationaler Gremien unter Nutzung aller verfügbaren diplomatischen, politischen und ökonomischen Mittel erfolgen. Wenn man allerdings z.B. an den Einsatz solcher Mittel im Nahen Osten und seit 2014 in der Ukraine denkt, erscheinen diese Mittel weniger friedlich – was die Verleihung des Nobelfriedenspreises an Obama recht fraglich erscheinen lässt.

Ein entscheidender Einwand gegen die Demokratisierungsmission ist, dass Demokratie nicht mit militärischer Gewalt sozusagen über Nacht etabliert werden kann. Die westlichen Demokratien haben einen langen Vorlauf mit vielen Konflikten hinter sich. Die neokonservative Außenpolitik der USA hat sich in Afghanistan, dem Irak und Libyen als katastrophaler Fehler erwiesen. Statt Demokratien entstanden „failed states" mit aller Inhumanität des Chaos und weltweit gefährlichen Konsequenzen. Der Militäreinsatz hat von den Diktaturen unterdrückte ethnische, religiöse und ökonomische Gegensätze freigesetzt, die lange Zeit für einen Ausgleich brauchen werden. Nach den Militäreinsätzen wäre vor allem eine massive ökonomische Unterstützung dieser Staaten nötig, die man aber wohl wegen der enormen Kosten der Militäreinsätze nicht gewillt oder nicht in der Lage ist zu leisten.

Im Gegensatz zu Neokonservativismus und liberalem Interventionismus könnte ein amerikanischer Isolationismus eine Beruhigung der Weltlage bedeuten. Eine Reduzierung oder gar Beendigung des weltweiten militärischen Engagements der USA könnte z. B. für die EU eine Stimulanz sein, eine ernstzunehmende eigene Verteidigung aufzubauen und damit unabhängig zu werden von einer erneuten riskanten amerikanischen Demokratisierungs-/„regime change"-Politik. Mit ihren rund 500 Millionen Einwohnern und ihrer den USA ebenbürtigen Wirtschaftskraft ist das keine Unmöglichkeit. Der äußere Zwang könnte die EU-Staaten wenigstens verteidigungspolitisch einigen. Schon eine größere europäische verteidigungspolitische Eigenverantwortung böte eine Chance, eine europadienliche Verteidigungspolitik gegen amerikanische Interessen durchzusetzen.

Auch eine Verdrängung der Neokonservativen und liberalen Interventionisten durch die Realisten in der amerikanischen Außenpolitik wäre schon ein Gewinn für Europa, denn sie warnen *„vor einer ideologischen US-Außenpolitik, die in einem demokratischen Kreuzzug und permanenten Interventionen und Demokratisierungskriegen ende und in deren Folge die Vereinigten Staaten nicht nur ihre militärische Macht überschätzen, sondern auch an moralischer Attraktivität, Glaubwürdigkeit und Legitimität als Gesellschaftsmodell und Weltmacht verlieren würden.* "[24] Angesichts dieser Worte sieht man sich faktisch an den Zusammenbruch der Sowjetunion erinnert: Auch sie hatte ihre militärische Macht überschätzt, nämlich im Wettrüsten mit denUSA.

Neokonservative und liberale Interventionisten haben auch in den Geheimdiensten und dem sogenannten militärisch-industriellen Komplex, vor dem schon Dwight Eisenhower warnte[25], mächtige Unterstützer. Deren Einfluss ist so stark, dass man den Eindruck hat, dass die amerikanische Administration nicht mehr die volle Kontrolle über sie hat. Das ist z.B. im syrischen Bürgerkrieg deutlich geworden. Auf der einen Seite kooperierte die Administration mit den Russen, auf der anderen Seite arbeitete die CIA gegen die Russen.

Die amerikanischen Präsidentschaftswahlen 2016 bargen eine folgenreiche Entscheidung in sich. Die Kandidatur Hillary Clintons wies ziemlich eindeutig in Richtung Fortsetzung und sogar Intensivierung einer neokonservativen/liberal-interventionistischen Außenpolitik. Clinton unterstützte jedenfalls vehement den Irak-Krieg, den Libyen-Krieg und tritt für einen „regime change" in Syrien ein, der zu einem ähnlichen Chaos wie im Irak und Libyen führen kann. Die Kandidatur von Bernie Sanders und am meisten die von Donald Trump wies dagegen in Richtung einer isolationistischen wie auch realistischen Politik. Sanders wie Trump sind Protektionisten und traten für eine Reduzierung des weltweiten amerikanischen, militärischen Engagements ein. Eine Reduzierung der Militärausgaben kann zur Konsolidierung der ökonomischen und finanziellen Situation der USA mit ihren 22 Billionen US$ Staatsschulden beitragen. Trumps „America First" kann einerseits als Ausdruck eines Isolationismus verstanden werden, der allerdings die Rückgängigmachung einer ökonomischen Globalisierung erfordert und damit außenpolitische Konsequenzen haben wird. Andererseits kann Trumps „America first" als außenpolitisches Prinzip – rigid gehandhabt – Konfliktlösungen verhindern, die keinen Vorteil für die USA bringen. Nicht unwichtig war bei den Alternativen Sanders und Trump, dass sie vom großen Kapital ziemlich unabhängig und nicht wie Clinton stark zu der Politik des großen Kapitals – wie z.B. Rüstungsindustrie und Wallstreet – verpflichtet sind. Als Kritik an Trump die „außenpolitische Kompetenz" der Exaußenministerin Clinton hervorzuheben, ist wenig überzeugend, besonders wenn man an Clintons Fehleinschätzungen in Bezug auf den Irak, Libyen und Syrien denkt, wo heute die Ursache für die Flüchtlingskatastrophe liegt. Und die USA, die die Flüchtlingskatastrophe verursacht haben, wollen gerade mal 10.000 muslimische Flüchtlinge aufnehmen resp. gar keine, wenn es nach Trump geht. Europa soll die Hauptlast tragen, evtl. mit der Konsequenz einer Destabilisierung seiner Gesellschaften.

Dennoch ist Trumps außenpolitisches Programm – **wenn er sich als Präsident daran hält!** – eine Hoffnung für Europa und die Welt. In einer Zeit, in der die Welt mit immer komplizierteren Konflikten am Abgrund balanciert und der Verlust von Balance letztlich in einen atomaren Krieg führen kann, muss der Außenpolitik gegenüber der Innenpolitik absolut Priorität zugesprochen werden, denn sonst könnte es innenpolitisch allerschlimmstenfalls nichts mehr zu korrigieren geben. Wegen der außerordentlichen Bedeutung der amerikanischen Außenpolitik für die ganze Welt sei hier der außenpolitische Teil der Rede Trumps auf dem Parteikonvent in Cleveland im Juli 2016 wiedergegeben:

„Die USA ist unsicherer und die Welt ist instabiler, weil Obama die Entscheidung getroffen hatte, Hillary Clinton die Verantwortung für Amerikas Außenpolitik zu übertragen. Lasst sie uns im November besiegen. Ich bin sicher, dass dies eine Entscheidung gewesen ist, die Präsident Obama wirklich bereut.“

„Im Jahr 2009, vor Hillary, gab es ISIS noch nicht einmal auf der Landkarte. Libyen war stabil. Ägypten war friedlich. Irak hatte eine hohe Reduzierung der Gewalt erlebt. Iran wurde durch Sanktionen erstickt. Syrien war ein wenig unter Kontrolle. Was haben wir nach vier Jahren Hillary Clinton? ISIS hat sich in der gesamten Region und in der ganzen Welt ausgebreitet. Libyen liegt in Trümmern, und unser Botschafter und seine Mitarbeiter waren hilflos den wilden Mördern ausgeliefert und mussten sterben. Ägypten wurde der radikalen Muslimbruderschaft übergeben, und das Militär war gezwungen die Kontrolle zurückzuerobern. Im Irak herrscht Chaos. Iran ist auf dem Weg zu Atomwaffen. Syrien befindet sich in einem Bürgerkrieg und seine Flüchtlingskrise bedroht jetzt den Westen. Nach 15 Jahren Krieg im Nahen Osten, nach Billionen von Dollars, die ausgegeben wurden und das Leben von Tausenden gekostet hat, ist die Situation schlimmer, als jemals zuvor. Das ist das Erbe von Hillary Clinton: Tod, Zerstörung, Terror und Schwäche. Die Probleme, die wir jetzt haben – Armut und Gewalt zu Hause, Krieg und Zerstörung im Ausland – werden so lange bleiben, solange wir uns weiterhin auf die gleichen Politiker verlassen

die sie geschaffen haben. Ein Wechsel in der Führung ist erforderlich, um eine Änderung der Ergebnisse zu erzeugen. Der wichtigste Unterschied zwischen unserem Plan und dem Plan unserer Gegner ist, dass unser Plan Amerika an die erste Stelle setzen wird. Amerikanismus, nicht Globalismus, wird unser Credo sein.“

„Zum Schutz vor Terrorismus müssen wir uns auf drei Dinge konzentrieren. Wir müssen den besten, absolut den besten, Nachrichtendienst haben, um Informationen in der gesamten Welt zu sammeln. Wir müssen die gescheiterte Politik der Nationenbildung und Regimewechsel verlassen, die Hillary Clinton im Irak, Libyen, Ägypten und Syrien betrieben hat. Stattdessen müssen wir mit all unseren Verbündeten arbeiten, die unser Ziel teilen, ISIS zu zerstören und den islamischen Terrorismus auszumerzen, und wir müssen das jetzt tun, sehr schnell [...] Das schließt die Zusammenarbeit mit unserem größten Verbündeten in der Region, den Staat Israel, ein. Vor kurzem habe ich gesagt, dass die NATO überflüssig ist, weil sie nicht angemessen mit dem Terror umgehen kann. Viele der Mitgliedsländer steuern nicht ihren gerechten Anteil bei. Wie gewöhnlich müssen die USA die Kosten tragen. Kurz darauf wurde bekannt, dass die NATO ein neues Programm aufsetzt, um den Terrorismus zu bekämpfen. Ein Schritt in die richtige Richtung. Wir werden jedes Land verurteilen, das Handelsverletzungen begeht. Das schließt China mit seinem empörenden Diebstahl geistigen Eigentums, zusammen mit seinem Produkt-Dumping und den verheerenden Währungsmanipulationen ein.“ [26]

Abgesehen davon, dass die Schuld an der verheerenden Außenpolitik der USA nicht allein bei Hillary Clinton liegt, hätte man eigentlich erwartet, dass sie in ihrer Rede auf dem Parteikonvent der Demokraten, der dem der Republikaner folgte, zu der Kritik Trumps an ihrer Außenpolitik Stellung nimmt. Doch das tat sie mit keinem Wort! Das deutet auf ein indirektes Eingeständnis ihrer außenpolitischen Fehler hin. Ihr fehlten einfach die Argumente zu ihrer Verteidigung. Deshalb fokussierte sie auf die Innenpolitik, wo sie meinte, sich gegenüber Trump ins rechte Licht setzen zu können.

Trumps Ablehnung der neokonservativen „regime change"-Politik hat zu einer ihn diffamierenden Kampagne in den Mainstream-Medien geführt. Die Neokonservativen bangen um ihren Einfluss auf die amerikanische Außenpolitik. Er wird wie Putin, Seehofer oder andere diffamiert. So wird ihm vorgeworfen, eine Mauer gegen Mexiko errichten zu wollen. Doch 2013 schlossen die Demokraten mit den Republikanern einen Kompromiss, der u.a. vorsieht, den bereits bestehenden Grenzzaun gegen Mexiko um 1100 km zu verlängern.[27] Oder man ist sprachlos, dass er Obama als den Vater von IS bezeichnet. Richtig wäre allerdings gewesen George Bush Jr. als solchen zu bezeichnen und Obama als zeitweiligen Unterstützer der Terroristen, um mit deren Hilfe Assad zu stürzen. Unschuldig ist also Obama keineswegs.[28]

Störend wirkt in Trumps Außenpolitik jedoch, dass er auch das Atomabkommen mit dem Iran ablehnt, das verhindern soll, dass der Iran Atomwaffen entwickelt. Das könnte seine gewünschte Verbesserung der Beziehungen zu Russland gefährden, das am Zustandekommen dieses Abkommens wesentlich beteiligt war und mit dem Iran gegen den IS kooperiert. Auch Trumps konfrontative Haltung gegenüber China passt schlecht zu seiner Russlandpolitik. Störend wirkt schließlich auch, dass Trump mit seiner vermeintlichen Äußerung, dass auch Japan, Südkorea und Saudi-Arabien Atomwaffen besitzen sollten, für eine Weiterverbreitung dieser Waffen eintritt. Offen bleibt auf jeden Fall, ob er sich mit seiner Außenpolitik gegen die Neokonservativen in den eigenen Reihen durchsetzen kann, und wie die amerikanische Außenpolitik aussieht, wenn ein Präsident Donald Trump die amerikanischen Finanzen konsolidiert, Amerika wieder groß gemacht haben sollte. Ist dann Russland wieder ein Feind der USA?

3.1.2 Die russische Außenpolitik

In westlichen Leitmedien wird die russische Außenpolitik als unberechenbar charakterisiert. Diese Charakteristik ergibt sich aus dem Verschweigen der Ursache des erneuten West-Ost-Konfliktes, das es ermöglicht, Russland zum Aggressor und Feind zu stempeln, ganz im Einklang mit dem amerikanischen Hegemonie-Anspruch, der euphemisiert als Demokratieförderung erscheint. Wird diese Ursache nicht verschwiegen, erscheint die russische Außenpolitik in den Augen von Experten – die den Politikern ja zur Disposition stehen – sehr wohl berechenbar. Auf jede gegen Russland gerichtete Aktion erfolgt eine russische Reaktion und diese Reaktionen sind in Form von russischen Optionen vorhersehbar. Das Charakteristikum der Unberechenbarkeit eignet sich aber vorzüglich zur Verschleierung einer westlichen Russlandpolitik, deren Ziel es ist, Russland als politischen sowie ökonomischen Konkurrenten auszustechen. Wenn auch die russischen Reaktionen machtpolitisch im Sinne von „Auge um Auge, Zahn um Zahn“ motiviert erscheinen, so ändert das nichts daran, dass sie weltpolitisch stabilisierend wirken, indem sie – wenn sie nicht wegen zu starken Druckes in Aggressivität umschlagen – verhindern, dass die Atommacht Russland durch einen „regime change“ destabilisiert wird wie z.B. Libyen, nur viel schlimmer, weil das die Gefahr eines atomaren Schlußstriches unter die menschschliche Zivilisation in sich bergen würde.

2008 reagierte Russland mit militärischen Mitteln auf den Einmarsch georgischer Truppen in das nach Unabhängigkeit von Georgien strebende Südossetien. 2004 war Georgien eine Zusammenarbeit mit der NATO eingegangen, die 2006 vertieft wurde. Es war daher zu erwarten, dass Russland die Einbeziehung Südossetiens in die georgische NATO-Zusammenarbeit zu verhindern versuchen würde.

Auf das westliche Raketenabwehrsystem, das auch russische Raketen abfangen können wird, reagiert Russland mit der Drohung der Entwicklung ganz neuer Interkontinentalraketen, mit denen das

westliche Abwehrsystem sozusagen überlistet werden kann.[29)]
Auch das konnte man sich denken, und auch dass der Rüstungswettlauf zwischen West und Ost dadurch wiederaufgenommen
wird.

Das Assoziierungsabkommen der EU mit der Ukraine, das ohne
Einbeziehung Russlands ausgehandelt wurde, stellte in geopolitischer Perspektive gesehen ein massives Eindringen der EU in die
russische Interessensphäre dar, zumal dieses Abkommen auch eine
militärische Zusammenarbeit vorsieht.[30)] Da war zu erwarten, dass
Russland seinen Marinestützpunkt Sewastopol auf der Krim sichern
wird. Dass die gesamte Krim an Russland angeschlossen wurde,
war ebenfalls eine vorhersehbare Möglichkeit. Nur dafür zu sorgen,
dass die russische Präsenz in Sewastopol garantiert ist, hätte den
Marinestützpunkt nicht gesichert: Er wäre durch EU- bzw. sogar
NATO-Gebiet von Russland getrennt und schlimmstenfalls verloren gewesen. Außerdem war nicht unbekannt, dass sich zu dem
Marinestützpunkt gehörende Militäranlagen auch außerhalb Sewastopols befinden. Schließlich kannte man die Geschichte der Krim,
ihre Verbundenheit mit Russland und die Versuche der Krimbevölkerung Anfang der 1990er Jahre, sich von der Ukraine loszureißen. Einleuchtend sollte auch sein, dass kein russischer Präsident
– welcher Couleur auch immer – eine Rückgabe der Krim in seinem Amt überstehen würde. Das kann nur eine auf einen Dauerkonflikt und schließlichen „regime change" in Moskau abzielende
Forderung sein – mit weit schlimmeren Folgen wie in Afghanistan,
dem Irak und Libyen, weil Russland eben Atommacht ist.

Dass es in den ostukrainischen Gebieten Donezk und Luhansk zu
Aufständen kommen könnte, lag auch nahe infolge der historischen
Orientierung dieser Gebiete nach Russland. Mit einer Unterstützung dieser Aufstände durch Russland musste gerechnet werden.
Einmal sah sich Russland verantwortlich für die 77,2% Russen
(2001) in diesen Gebieten, zum anderen sind diese Gebiete ein
russisches Faustpfand gegen eine NATO-Mitgliedschaft der Ukrai-

ne, denn Staaten mit ethnischen und territorialen Problemen können keine Mitglieder werden.[31]

Die Folgen des Assoziierungsabkommens mit der Ukraine waren also konkret voraussehbar, aber westliches, imperiales Streben hat sie als solche ausgeblendet. Der Westen hat sich hinter einer rigiden völkerrechtlich motivierten Rechtfertigung verschanzt, total blind für die geopolitische Realität. Diese Realität wird im Westen nur gesehen, wenn es um amerikanische Interessen geht.

Auch russische Stärkedemonstrationen im internationalen Luftraum müssen in der gegenwärtig angespannten Situation als erwartbar betrachtet werden.

Dass auf die verstärkte Präsenz der NATO in den an Russland grenzenden NATO-Staaten[32] eine russische Truppenkonzentration an diesen Grenzen erfolgen würde, war auch vorauszusehen.

Keineswegs überraschend war schließlich das Eingreifen Russlands in den syrischen Bürgerkrieg. Auch hier galt es einen Marinestützpunkt zu sichern, indem man das Vordringen des Islamischen Staates an die Mittelmeerküste verhindert. Darüber hinaus geht es Russland aber auch um die Stabilisierung der gesamten Region, um ein Übergreifen des dort herrschenden Chaos auf Russland selbst zu verhindern. Und es geht um die geplante Katar-Türkei-Gaspipeline, die eine gefährliche Konkurrenz für russische Gaslieferungen nach Europa bedeuten würde.[33] Verwunderlich ist auch nicht die Unterstützung Assads angesichts der zerstrittenen syrischen Opposition. Ein schneller Sturz Assads würde das herrschende Chaos nur verlängern.

Da Russland der größte Flächenstaat der Erde ist, enorm reich an Bodenschätzen ist und über 140 Millionen Einwohner hat, war auch zu erwarten, dass es nach dem Zusammenbruch der Sowjetunion wieder einen Weltmachtstatus anstreben wird und sich dabei nicht von den USA mit EU und NATO im Gefolge ausbremsen lassen wird. Nichts deutet aber bisher darauf hin, dass es die alleinige Weltherrschaft anstrebt, doch es will in seiner Interessensphäre von

den USA respektiert werden und der verheerenden, „failed states"
produzierenden „regime change"-Politik der amerikanischen Neokonservativen und liberalen Interventionisten Einhalt gebieten. Es
hat in Bezug auf die syrischen Chemiewaffen und das Atomabkommen mit dem Iran Beispiele dafür geliefert, dass es gewillt
ist mit dem Westen zusammenzuarbeiten und ihn nicht als Konkurrenten auszustechen.

Die neue amerikanische/westliche Militärdoktrin, die Russland
wieder zum Feind erklärt, passt gut zu der Charakteristik der russischen Außenpolitik als „unberechenbar".

Im Gegensatz zu der Charakteristik der Unberechenbarkeit der
russischen Außenpolitik steht die westliche Behauptung, dass der
ultranationalistische Neo-Eurasismus, vertreten von Alexander
Dugin, starken Einfluss auf Putin ausübe. Dugin geht von einem
grundlegenden Gegensatz zwischen einer maritimen Macht (NATO
unter Führung der USA) und einer Landmacht (Eurasien unter
Führung Russlands) aus. Die EU-/NATO-Länder seien von den
USA okkupiert und müssten vom eurasischen Russland befreit
werden. Das eurasische Russland sei heute eine vom Westen –
unter Führung der USA – belagerte Festung, die dem Vordringen
des westlichen Gesellschaftsmodells – wie es die Russen unter
Jelzins chaotischer Führung kennenlernten – standhalten müsse.
Dugins aggressive Ideologie weist zudem Sympathien für
Rechtsextremismus, Stalin und sogar den Nazismus auf. Er war
Leiter des Zentrums für konservative Studien an der Lomonossow-
Universität in Moskau, wurde jedoch von der Universität wegen
Hasspropaganda gegen die Ukraine entlassen! Allerdings zählen
Persönlichkeiten der russischen politischen Elite zu den Mitglie-
dern seiner Eurasischen Bewegung. Neben dieser Bewegung exis-
tieren noch 3 weitere Einflussgruppen, nämlich die Oligarchen,
Armee und Geheimdienst sowie das nationalliberale Lager mit
Ministerpräsident Dmitri Medwedew, das für eine Modernisierung
Russlands durch Kooperation mit dem Westen eintritt. Putin soll
auf einen ständigen Ausgleich zwischen diesen Gruppen bedacht
sein, selbst also neutral sein. Daraus ergibt sich, dass der Ultranatio-

nalismus nicht – wie in der im Westen verbreiteten Sichtweise – als offizielle Position Russlands betrachtet werden kann.[34]

Der oben dargelegte reaktive Charakter der gegenwärtigen russischen Außenpolitik deutet darauf hin, dass der Ultranationalismus kaum Einfluss auf die russische Außenpolitik haben kann. Dass Russland das Projekt einer Eurasischen Union betreibt, hat wohl lediglich eine verbale Gemeinsamkeit mit der Ideologie des Eurasismus und ist vielmehr von der EU inspiriert, mit der sogar von einer Zusammenarbeit die Rede ist.

3.1.3 Die Außenpolitik der EU

Im Unterschied zu der Außenpolitik von Nationalstaaten ist die Außenpolitik der EU abhängig von der Zustimmung oder Ablehnung der Mitgliedstaaten. Ihre Grundlagen sind eine Europa-Euphorie sowie eine ausgeprägte Transatlantikpolitik.

Das Fehlen einer einheitlichen Außenpolitik der EU zeigt sich besonders in der Divergenz beim Verhältnis zu Russland, wo vor allem die baltischen Staaten und Polen eine schärfere Gangart gegenüber Russland fordern und deshalb eine Aufhebung der in Verbindung mit der Ukraine-Krise verhängten Sanktionen gegen Russland ablehnen und eine starke Präsenz der NATO mit Truppen und militärischem Gerät in ihren Ländern wünschen. Zwar ist die Angst dieser Länder vor Russland historisch gesehen verständlich, doch ist das heutige Russland nicht die ideologiegetriebene Sowjetunion. Die amerikanisch dominierte NATO aber erfüllt diesen Wunsch ganz im Sinne der ideologiegetriebenen, neokonservativ geprägten Außenpolitik der USA, die ja zum Ziel hat, das amerikanische Gesellschaftsmodell – auch mit Gewalt – über die ganze Welt zu verbreiten.

Die Europa-Euphorie kommt in der Erweiterungspolitik der EU zum Ausdruck, die allzu forciert und unüberlegt betrieben wurde und wird, was an dem Assoziierungsabkommen mit der Ukraine von 2014 besonders deutlich geworden ist. Sie ist das Pendant zum „American Exceptionalism" in der Interpretation der amerikanischen Neokonservativen. Die EU bringe Wohlstand und Frieden mit sich und solle daher europaweit ausgedehnt werden bis zur – schwer definierbaren – Grenze zwischen Europa und Asien. Georgien, Armenien und Aserbaidschan sind jedenfalls im Visier der Europäischen Nachbarschaftspolitik.[35] Auch die ans Mittelmeer grenzenden Staaten im Nahen Osten und in Nordafrika sind mögliche Kandidaten. Das Ziel dieser Nachbarschaftspolitik ist es, einen Cordon sanitaire um die EU herum zu schaffen. Das stimmt mit der neuesten NATO-Strategie überein, nach der die NATO-Länder schon out-of-area verteidigt werden sollen.[36] Eins nur haben die europäischen Politiker und die amerikanischen Neokonservativen dabei übersehen, nämlich dass eine forcierte und unüberlegte Realisierung einer Einflusserweiterung zu Interessenkonflikten mit anderen Staaten führen kann – im Falle Russlands sogar zum Gefühl der Bedrohung durch eine Erneuerung der Eindämmungspolitik des Westens aus der Zeit des ersten Kalten Krieges. Es ist arrogant und naiv zugleich, diese Konsequenzen nicht zu beachten und sich auf das Völkerrecht zu beziehen. Natürlich ist es das Recht eines jeden Staates, frei darüber zu entscheiden, welchen Allianzen er beitreten will, aber es liegt in der Verantwortung der betreffenden Allianzen, ob sie dem Beitrittswunsch in Bezug auf die jeweilige geopolitische Situation entsprechen oder nicht. Am Vorstoß der EU in die Ukraine zeigt sich jedenfalls, dass die EU sich hier nicht als friedenschaffend erwiesen hat.

Mit der geplanten Erweiterung der EU auf dem Balkan findet die außenpolitische Unüberlegtheit der EU ihre Fortsetzung. Eine derzeitige Anbindung so fragiler Staaten wie Bosnien und Kosovo würde nur zu weiterer Destabilisierung der EU beitragen. Brüssel hat aus der Ukraine-Krise nichts gelernt. Es ist das aggressive westliche Sendungsbewusstsein, das das Lernen verhindert.

Die Transatlantikpolitik der EU hat sie vor einer möglichen ideologisch fundierten sowjetischen Expansion geschützt, aber ihr auch ökonomisch Raum gegeben, ihren Wohlstand aufzubauen, indem die USA – nicht ohne Eigeninteresse – die Hauptlast der Militärausgaben trugen und tragen. Nach dem Zerfall der Sowjetunion jedoch haben die Interessen von EU und USA zu divergieren begonnen. Anfangs glaubten die USA, die Rolle als einzige Weltmacht eingenommen zu haben, doch das änderte sich mit dem Aufstieg Chinas und dem Wiederaufstieg Russlands. Heute geht es den USA darum, ihre Rolle als einzige Weltmacht zu bewahren. Was den Konkurrenten Russland angeht, ist Europa dabei, wieder zwischen die Fronten zu geraten. Es bildet wieder das Glacis, das Vorfeld der Festung USA, auf dem es in sicherem Abstand zu den USA zuerst zu einer militärischen Auseinandersetzung mit konventionellen Waffen oder sogenannten „modernisierten" Atomwaffen kommen kann. Eine Karikatur von Jupp Wolter[37] illustriert das in treffender Weise: Ein amerikanischer Soldat hält einen europäischen Soldaten im umgekehrten Huckepack als schusssichere Weste vor seine Brust, um sich vor dem ihm gegenüberstehenden Sowjetsoldaten zu schützen (s. Abb. 1).

In der EU mehren sich jedoch in der Bevölkerung, verschiedenen Parteien, Organisationen und vor allem in der Wirtschaft die Anzeichen, nicht länger blind den amerikanischen Interessen zu folgen. So regt sich z.B. – mit Ausnahme der baltischen Staaten und Polens – Widerstand gegen die wegen der Ukraine-Krise gegen Russland verhängten Sanktionen, die zusammen mit den russischen Gegensanktionen der EU beträchtlichen ökonomischen Schaden zufügen und nicht die erwünschte Wirkung haben. Auch bei dem geplanten TTIP-Freihandelsabkommen zeigen sich wesentliche Interessenunterschiede zwischen den USA und der EU. Damit aber die EU ihre eigenen Interessen verfolgen kann, ist es erforderlich, sich in der Verteidigungspolitik von den USA unabhängig zu machen, ein eigenes europäisches Heer aufzubauen. Europa hat die Kapazität dazu: über doppelt so viel Einwohner und ein sogar etwas höheres Brutto-Inlandsprodukt als die USA. Ein Präsident Trump, dessen Verhältnis zur NATO unsicher ist, könnte die Aufstellung einer europäischen Armee fördern, da dann die Gegner einer solchen Armee diese notgedrungen als ihren einzigen sicheren Schutz begreifen müssten. Die Befürchtung einer deutschen Führungsrolle in dieser Armee, die manche europäischen Staaten hegen, dürfte sich strukturell verhindern lassen. Vorläufig tut sich allerdings vor allem Polen schwer, eine Führungsrolle Deutschlands zu akzeptieren, und würde sich in verteidigungspolitischer Hinsicht lieber an die USA anlehnen – auch weil die Westeuropäer seine aggressive Russlandpolitik bremsen.

Inzwischen hat die Außenbeauftragte der EU, Frederica Mogherini, nach dem Brexit-Referendum in England ein Strategiepapier zur Außen- und Sicherheitspolitik der EU vorgelegt. England hatte eine gemeinsame EU-Außen- und Sicherheitspolitik stets abgelehnt. In dem Papier ist die Rede von „strategischer Autonomie", einer schlagkräftigen europäischen Verteidigungsindustrie, der Zusammenarbeit der Mitgliedstaaten in Verteidigungsangelegenheiten als Norm und einem jährlichen, koordinierten Überprüfungsverfahren der militärischen Ausgabenpläne der Mitgliedstaaten. Eine Europa-Armee soll jedoch nicht von der NATO getrennt entstehen. Aber sie kann das Fundament für eine Unabhängigkeit von der USA-dominierten NATO sein.[38]

Mit dem Brexit und eventuellen Domino-Effekten allerdings könnte der Einfluss der USA als Schutzmacht in Europa wieder stärker werden.

3.2 Westliche Provokationen gegen Russland und dessen Reaktion

3.2.1 Die NATO-Osterweiterung

Nach dem Zusammenbruch des Ostblocks rückten EU und NATO nach und nach in Richtung russische Grenze vor. Zunächst nach Ostdeutschland, dann nach Polen, Tschechien, Ungarn, den baltischen Staaten, Bulgarien, der Slowakei und Rumänien. Damit wurde die alte Eindämmungspolitik aus der Zeit des Kalten Krieges fortgesetzt, als ob die Sowjetunion noch existierte. In Verbindung mit der Wiedervereinigung Deutschlands soll es mündliche Versicherungen gegeben haben, diese Staaten nicht in die NATO einzubeziehen.[39)]

Aus geopolitischer Verantwortung hätte die NATO den genannten Ländern keine NATO-Mitgliedschaft anbieten sollen bzw. diese Länder hätten das Angebot nicht annehmen sollen, was sie jedoch – historisch verständlich – nicht taten. Die Kritiker einer Osterweiterung der NATO haben damals auf die geopolitische Verantwortung hingewiesen. In der „New York Times" hieß es zum Tode von George F. Kennan, der die Eindämmungspolitik des Kalten Krieges ersann (!):

„Im Februar 1997 schrieb Mr. Kennan in einem Leitartikel der New York Times, dass die Entscheidung der Clinton-Administration eine Erweiterung der NATO [...] zu fördern, sie an die Grenzen Russlands zu bringen, ein schrecklicher Fehler war. Er schrieb, dass ‚die Ausdehnung der NATO der schicksalshafteste Fehler der amerikanischen Außenpolitik in der ganzen Ära nach dem Kalten Krieg war.' ‚Von einer solchen Entscheidung ist ein Aufflammen nationalistischer, antiwestlicher und militaristischer Tendenzen in der russischen öffentlichen Meinung zu erwarten, eine gegenteilige Wirkung auf die Entwicklung der russischen Demokratie, eine Restauration der Atmosphäre des Kalten Krieges in den Ost-West-Beziehungen und die Ausrichtung der russischen Außenpolitik in eine Richtung, die entschieden nicht in unserem Interesse liegt.' [...] Seine Sicht, die von einer langen Reihe politischer Experten geteilt wurde, setzte sich nicht durch. "[40)]

Russland reagierte zunächst lediglich verbal auf die NATO-Osterweiterung. Doch am 3.10.2016 unterschrieb Präsident Wladimir Putin einen Erlass zur Suspendierung der Gespräche mit den USA über die Nutzung waffenfähigen Plutoniums, die aber bei Erfüllung einiger Bedingungen durch die USA wieder aufgenom-

men werden können. Zu den Bedingungen zählen u.a. die Reduzierung weiterer militärischen Geräts und von Truppen in den
Ländern, die der NATO nach 2000 beitraten.[41]

3.2.2 Der Georgien-Krieg 2008

Ende der 1990er Jahre unterschrieb Georgien ein strategisches
Partnerschaftsabkommen mit der NATO mit dem Versprechen,
dass Georgien in Zukunft NATO- und EU-Mitglied werden sollte,
wodurch Russland weiter eingedämmt werden sollte. Misstrauen
gegenüber Russland sowie das Projekt einer Ölpipeline vom
Kaspischen Meer durch Georgien zum östlichen Mittelmeer (s.
Abb. 2) veranlassten die USA, sich in Georgien stark zu engagieren. Zunächst wurde 2004 Micheil Saakaschwili mit kräftiger
Unterstützung amerikanischer Organisationen (National Endowment for Democracy und US Agency for International Develop-
ment) zum Amerika genehmen Präsidenten Georgiens gewählt.
Dann erfolgten umfangreiche Waffenlieferungen aus den USA und
von der NATO sowie die Entsendung von amerikanischen Special
Operations Forces und Söldnern privater amerikanischer Militär-
unternehmen.[42] Das verleitete Saakaschwili 2008 dazu, das die
Unabhängigkeit von Georgien fordernde Südossetien anzugreifen.

Auf das unüberlegte militärische Vorgehen Georgiens gegen Südossetien jedoch antwortete Russland militärisch. Wohl auch die
Gelegenheit nutzend, vor einer NATO-Mitgliedschaft Georgiens zu
warnen, die sich mit dem oben erwähnten Partnerschaftsabkommen eröffnete und die Russland als Fortsetzung der Einkrei-
sungspolitik aus der Zeit des Kalten Krieges betrachtet. Die provo-
kative Haltung des Westens gegenüber Russland verdrängte den
anfänglich russischen Willen zur Zusammenarbeit mit dem Westen
und belebte das russische Misstrauen gegenüber dem Westen, der
über 45 Jahre hinweg Russlands Feind war, von neuem.

3.2.3 Das westliche Raketenabwehrsystem

Dann kam 2010 das neue Strategiekonzept der NATO, in Europa ein Raketenabwehrsystem zu platzieren, das nordkoreanische oder iranische bzw. Atomraketen anderer „Schurken-Staaten" abfangen soll. Eine Zusammenarbeit mit Russland dabei scheiterte wohl letztlich wegen der Möglichkeit, dass dieses System auch eine russische Reaktion auf einen US-Erstschlag verhindern kann, wenn auch im nördlichen Skandinavien ein Abwehrsystem errichtet wird. Nach rund 45 Jahren mit Kaltem Krieg lebte auch das Misstrauen gegenüber Russland weiter und bekam durch das Wiedererstarken Russlands neue Nahrung.[43] Allerdings soll dieses Abwehrsystem noch zu wenig getestet und unfähig sein, Raketen unter realen Bedingungen abfangen zu können.[44] Außerdem entwickelt Russland Raketen, die es unterlaufen können.

Zunächst reagierte Russland auf das geplante amerikanische Raketenabwehrsystem in Europa wieder nur verbal. Später reagierte es mit Demonstrationen militärischer Stärke.

3.2.4 Die Ukraine-Krise

3.2.4.1 Der historische Kontext
3.2.4.1.1 Die Geschichte der Ukraine

Die Geschichte der Ukraine ist weitgehend die Geschichte Russlands. Im 9. Jahrhundert gründeten Wikinger entlang der Handelsroute Skandinavien-Konstantinopel das Kiewer Reich, die Kiewer Rus (s. Abb. 3). Damit sollte die Handelsroute gesichert werden. Dieses Reich erstreckte sich in Nord-Süd-Richtung ungefähr von Nowgorod bis Kiew und in West-Ost-Richtung von Minsk bis Suzdal. Die Wikinger verbanden die ostslawischen Stämme dieser Gebiete lose miteinander und vermischten sich mit ihnen. Im 11. Jahrhundert wurde das Reich ein Fürstenbund. Im 13. Jahrhundert erlag es, geschwächt durch Erbfolgekämpfe, dem Ansturm der

Mongolen. Die Mongolenherrschaft wahrte im nordöstlichen Teil des Kiewer Reiches 240 Jahre, wohingegen die westlichen und südlichen Gebiete nach ca. 140 Jahren durch litauische Großfürsten von den Mongolen befreit wurden und ab dem 16. Jahrhundert unter polnisch-litauische Herrschaft kamen. Diese Gebiete wurden dadurch katholisch und orientierten sich nach Westen. Im Nordosten des Kiewer Reiches erstarkte das Großfürstentum Moskau und setzte sich zum Ziel, das Kiewer Reich wiederherzustellen. Voraussetzung war zum einen die Beendigung der Streitigkeiten der russischen Fürstentümer untereinander und zum anderen die Befreiung von der Mongolenherrschaft. Beides verlief parallel zueinander und war 1480 abgeschlossen. Kulturell verblieb der Osten traditionsgemäß im orthodoxen Glauben und betrachtete sich nach dem Fall von Rom und Konstantinopel als drittes christliches Glaubenszentrum, dem kein viertes folgen würde. Nach 1480 galt es, nun auch noch die von Polen-Litauen okkupierten Gebiete des Kiewer Reiches zurückzugewinnen, was im 16. Jahrhundert erreicht wurde. Danach griff die russische Außenpolitik weit über die Wiederherstellung des Kiewer Reiches hinaus. Im Osten expandierte Russland nach Sibirien hinein und im Süden in Richtung Schwarzes Meer, wo es die Osmanen und deren Vasallen, die Krimtataren, zurückdrängte und im 18. Jahrhundert das Gouvernement Neurussland bildete, das den Süden und Teile des Ostens der heutigen Ukraine umfasste. Durch die polnischen Teilungen fiel das bis dahin polnische Gebiet westlich des Dnjepr teils an Russland, teils an Österreich-Ungarn. Im 19. Jahrhundert begann sich dann in diesem Gebiet eine ukrainische Nationalbewegung zu bilden, die im russischen Teil unterdrückt wurde, während im österreichisch-ungarischen Teil die Ukrainer als nationale Minorität anerkannt wurden. Nach dem I. Weltkrieg entstand östlich des Dnjepr die Ukrainische Volksrepublik und westlich des Dnjepr die Westukrainische Volksrepublik. Letztere kam jedoch größtenteils wieder an Polen, inklusive Galizien, das nach dem Zusammenbruch Österreich-Ungarns polnisch geworden war. Aber auch Rumänien und die Tschechoslowakei erhielten Teile der Westukrainischen Volksrepublik. Erstere Volksrepublik kam an die Russische Sozialistische Sowjetrepublik. 1922 ging aus der Ukrainischen Volksrepublik die Ukrainische Sozialistische Sowjetrepublik hervor. 1939 kam ein großer Teil Galiziens durch das geheime Zusatzprotokoll des Hitler-Stalin-Paktes an die Sowjetunion. Im II. Weltkrieg rief der mit den Deutschen kollaborierende ukrainische Nationalist Stepan Bandera im Sommer 1941 einen unabhängigen ukrainischen Staat aus, der jedoch nicht den deutschen Vorstellungen entsprach und daher nicht realisiert wurde. Chruschtschow fügte dann noch die Krim der Ukrainischen Sozialistischen Sowjetrepublik hinzu.

Die Unabhängigkeit der Ukraine hat also eine kurze Geschichte. Das Land ist wie gezeigt von historisch bedingten Divergenzen zwischen dem westlichen und östlichen Teil, d.h. religiösen Gegensätzen, Minoritätsproblemen sowie daraus resultierendem Rechtsradikalismus geprägt. Neuerdings kommt auch noch Wirtschaftskriminalität hinzu.

Bei dem Zerfall der Sowjetunion stimmten am 1.12.1991 in einem Referendum 92% der Ukrainer für die Unabhängigkeit der Ukraine von Russland – bei einer Wahlbeteiligung von 84%. Interessant ist, dass die meisten Nein-Stimmen auf der Krim sowie in den Gebieten Odessa, Donezk, Luhansk und Charkow abgegeben wurden. Das sind die Gebiete, in denen die russische Sprache vorherrscht, die wirtschaftlich mit Russland eng verbunden waren und die während des II. Weltkrieges auf sowjetischer Seite standen, wohingegen westukrainische Nationalisten auf deutscher Seite gegen die Sowjetunion kämpften, sogar noch einige Jahre nach 1945. Dem westukrainischen Nazi-Kollaborateur Stepan Bandera wurde 2010(!) von Präsident Juschtschenko der Titel „Held der Ukraine" verliehen, von Präsident Janukowitsch allerdings später wieder aberkannt. Hier kommt der Gegensatz zwischen Ost- und Westukraine krass zum Ausdruck.

Nationale Minderheiten bilden in der Ukraine nicht nur Russen, sondern auch Weißrussen, Polen, Slowenen, Moldauer, Ungarn, Rumänen u.a. Statt diesen Minderheiten Rechte einzuräumen, wurde eine Ukrainisierung gestartet, die nach der orangenen Revolution von 2004, die Juschtschenko an die Macht brachte, neuen Auftrieb erhielt. In Odessa wurde z.B. ein bestimmter Anteil von Studienplätzen für Studenten aus der Westukraine reserviert, und hohe Posten in der Verwaltung der Stadt wurden mit Westukrainern besetzt. Der Forderung, Russisch den Status einer zweiten offiziellen Sprache einzuräumen, wurde nicht entsprochen. Erst 2012 wurde unter Präsident Janukowytsch, der aus der Ostukraine stammt, ein Gesetz über Regionalsprachen erlassen, das Sprachen, die von über 10% der Bevölkerung einer Region gesprochen werden, den Status einer zweiten offiziellen Sprache erhalten. Nach dem Kiewer Putsch im Februar 2014 wurde das Regionalsprachengesetz unter der überwiegend aus Westukrainern bestehenden Regierung jedoch wieder abgeschafft, allerdings – wahrscheinlich auf Druck von außen – ohne dass die Abschaffung in Kraft trat.

Die Ukrainisierung ist Bestandteil des in den 1990er Jahren staatlich verordneten ukrainischen Patriotismus – bald mit antirussischer Attitüde – , der wesentlich von Ultranationalisten aus der Westukraine verbreitet wird, die sich schon zu Zeiten von Gorbatschows Perestroika organisierten. Bedeutung erlangte die 1991 gegründete Sozial-Nationale Partei der Ukraine, die von nazistischem Gedankengut geprägt war und aus taktischen Gründen 2004 in Swoboda umbenannt wurde. 2012 fielen 10,44% der Stimmen bei den Parlamentswahlen an Swoboda. In Gebieten, die früher zu Galizien gehörten, sogar zwischen 31% und 38%. 2016 wurde ein Gründungsmitglied der Sozial-Nationalen Partei der Ukraine, Andrej Parubi, zum Präsidenten des ukrainischen Parlaments gewählt. Dem Vormarsch der Rechtsradikalen folgten Schlägereien im Parlament, Angriffe auf Regierungskritiker, Politiker und Journalisten und politische Morde.

Die Wirtschaftskriminalität hat – wie in Deutschland nach dem Zusammenbruch der DDR – hauptsächlich ihren Ursprung in der der Privatisierung der staatlichen Unternehmen der Sowjetzeit. Sie kommt u.a. in einer überbordenden Korruption zum Ausdruck. Die Ukraine belegt einen der schlechtesten Plätze im internationalen Korruptionsranking[45] Sogar EU und USA, die die Zustände in der Ukraine sonst kaum kritisieren, zeigen sich in Bezug auf die Korruption besorgt. Aus dem Privatisierungsprozess ging eine Wirtschaftsoligarchie hervor. Oligarchen gründeten Parteien und bezahlten Politiker und machten sie abhängig von sich. Für die Bevölkerung fehlte das Geld und ließ sie verarmen. Der Staat ist faktisch bankrott und wird von EU und IWF künstlich am Leben erhalten. Der US-beeinflusste IWF will sich sogar aus der Griechenland-Rettung zurückziehen und auf die Ukraine konzentrieren.[46] Weswegen wohl?

Die religiösen Gegensätze schließlich sind mit Minoritätsgegensätzen und Politik vermischt. Hauptsächlich im Osten und Süden der Ukraine findet sich die eng mit der Russischen Orthodoxen Kirche verbundene Ukrainische Orthodoxe Kirche. Im Westen des Landes ist die nationalgesinnte, antirussische Ukrainische Autokephale Orthodoxe Kirche und die von der Regierung unterstützte Ukrainische Orthodoxe Kirche des Kiewer Patriarchats verbreitet. Die beiden letzteren sind kirchenpolitisch nicht anerkannt. Alle drei konkurrieren aber um den Status einer Nationalkirche. Neben den beiden letztgenannten orthodoxen Kirchen gibt es in der Westukraine vor allem noch die antirussische Griechisch-Katholische Kirche und die Römisch-Katholische Kirche, der hauptsächlich Ukrainer polnischer Abstammung angehören. Auch protestantische/ evangelische und jüdische Gemeinden finden sich. Auf der Krim gehören die Tataren dem Islam an.

3.2.4.1.2 Zur Geschichte der Krim

Die Krim erhielt nach dem 5. russisch-türkischen Krieg ihre Unabhängigkeit vom Osmanischen Reich und wurde 1783 von Russland annektiert. Nach dem 6. russisch-türkischen Krieg wurde diese Annexion 1792 vom Osmanischen Reich anerkannt. In der 1. Hälfte des 19. Jahrhunderts wurde Sewastopol zum Hauptstützpunkt der russischen Schwarzmeerflotte ausgebaut. 1918 wurde die Sozialistische Sowjetrepublik Tawrida gegründet und 1921 die Autonome Sozialistische Sowjetrepublik der Krim innerhalb der Russischen Sozialistischen Föderativen Sowjetrepublik (RSFSR). 1945 wurde die Krim in das «Gebiet Krim» der RSFSR umgewandelt.

1954 übergab die Sowjetführung die Krim der Ukrainischen Sozialistischen Sowjetrepublik angeblich anlässlich des 300. Jahrestages des Vertrages von Perejaslaw, in dem sich der damalige, von Polen-Litauen bedrohte Kosakenstaat auf dem Gebiet der späteren Ukraine dem Schutz des russischen Zaren unterstellte.

In einem Referendum im Januar des Umbruchsjahres 1991 stimmte dann die Mehrheit der Bevölkerung der Krim für die Wiederherstellung der Autonomie der Krim und deren Verbleib in der UdSSR.

Am 24.8.1991 erklärte die Ukraine – inkl. der Krim – ihre Unabhängigkeit, die am 1.12.1991 in einem Referendum mit 90,3% der Stimmen bestätigt wurde – vor der Auflösung der Sowjetunion am 21.12.1991. Da sich jedoch die Hoffnungen der Krim-Bevölkerung auf einen wirtschaftlichen Aufschwung in der unabhängigen Ukraine nicht erfüllten, kam es wieder zu einer Hinwendung zu Russland. Die Enttäuschung drückte sich u.a. darin aus, dass das Parlament der Krim die Bezeichnung „Republik Krim" einführte und die Wörter «innerhalb der Ukraine» aus dem Entwurf der Krim-Verfassung im Februar 1992 strich. Kiew antwortete darauf im April 1992 mit einem Gesetz über den Status der Autonomen Republik Krim als Bestandteil der Ukraine. Im Mai 1992 reagierte das Krim-Parlament mit der Proklamation der staatlichen Eigenständigkeit der Republik Krim und beschloss die Durchführung eines Referendums dazu. Kiew erkannte diese Proklamation natürlich nicht an, worauf das Krim-Parlament auf die Proklamation verzichtete. Gleichzeitig beschloss die Duma in Moskau, die

Verfassungsmäßigkeit der 1954 erfolgten Übergabe der Krim an die Ukraine zu überprüfen. Für Kiew war das ein Angriff auf die territoriale Integrität der Ukraine. Im Juni 1992 ließ Kiew dann eine territoriale Staatsbürgerschaft der Krimbewohner zu, die im September 1992 in die Verfassung der Krim aufgenommen wurde. Dieses Hin und Her führte zu einer Polarisierung der politischen Kräfte in prorussische und proukrainische Gruppierungen. Bei den Präsidentschaftswahlen 1994 siegte im 2. Wahlgang der prorussische Kandidat Jurij Meschkow mit 72,9%. Bei den darauf folgenden Wahlen zum Parlament der Krim gewann die Partei Meschkows die absolute Mehrheit. Ohne Wissen Kiews unterschrieb Meschkow am 13.5.1994, kurz nach seinem Amtsantritt, ein Abkommen über eine wirtschaftliche Zusammenarbeit zwischen der Krim und Russland. Außerdem berief Meschkow einen ehemaligen Moskauer Wirtschaftsminister in seine Regierung als stellvertretenden Ministerpräsidenten. Schließlich wurde am 20.5.1994 zum 2. Mal die staatliche Eigenständigkeit der Krim proklamiert, eine entsprechende Krim-Staatsangehörigkeit eingeführt und die Zugehörigkeit der Krim zur Ukraine von bilateralen Verträgen abhängig gemacht. Noch am gleichen Tage erklärte Kiew die betreffenden Gesetze für ungültig. Gleich nach der ersten Tagung des Parlamentes kam es jedoch wegen der Befugnisse des Präsidenten zu einer Spaltung der Partei Meschkows, die damit ihre absolute Mehrheit verlor, was im Herbst 1994 zu einem Machtkampf zwischen Präsident Meschkow und dem Parlament führte und die Hinwendung zu Russland vorübergehend in den Hintergrund treten ließ, wenn sich Präsident und prorussische Parlamentsmehrheit auch weitgehend darüber einig waren, dass sich die Krim in Zukunft einmal Russland anschließen sollte.

Eine Vermittlung zwischen prorussischen und proukrainischen Kräften auf der Krim wurde durch die starke Militarisierung der Halbinsel erschwert. Der ukrainischen Nationalgarde und den Krimtataren standen die Spezialeinheiten der russischen Schwarzmeerflotte und die paramilitärische Spezialtruppe von Präsident

Meschkow gegenüber. Einen Höhepunkt erreichte der Krim-Konflikt im Juli 1994 damit, dass der Stadtrat von Sewastopol den Hafen der russischen Schwarzmeerflotte dort im Anschluss an eine diesbezügliche Resolution der russischen Duma vom 9.7.1993 zum russischen Hoheitsgebiet erklärte, obwohl sich die Duma und die russische Regierung inzwischen von dieser Resolution distanziert hatten. 1997 kam es dann zu einem Vertrag zwischen Russland und der Ukraine, der den Verbleib der russischen Marine in Sewastopol bis 2017 und die Aufteilung der Schwarzmeerflotte zwischen Russland und der Ukraine regelte. 2008 stellte sich die Ukraine auf die Seite Georgiens in dessen Krieg mit Russland und drohte mit der Aufkündigung dieses Vertrages. Doch 2010 wurde der Vertrag von der prorussischen Regierung Janukowytsch bis 2042 gegen 30% verbilligte Gaslieferungen verlängert. In der Folge des Umsturzes in der Ukraine 2014 erklärte die Krim am 2. März – westlichen Medien-Berichten zufolge unter dubiosen Umständen – zum 3. Mal ihre Unabhängigkeit von der Ukraine und ließ am 16.3. in einem Referendum über einen Anschluss der Krim an Russland abstimmen. Dieses Referendum hatte die Alternative: Anschluss der Krim an Russland oder Verbleib der Krim in der Ukraine auf der Grundlage der Verfassung der Republik Krim von 1992. 96,7% von 83,1% Wählern stimmten für einen Anschluss an Russland. 65,2% der Bevölkerung waren 2014 Russen, und 84% gaben Russisch als ihre Muttersprache an. Am 18. März gliederte Russland die Krim in die Russische Föderation ein.[47)]

Dieser Blick auf die Geschichte der Krim sollte das Ergebnis des Referendums von 2014, d.h. dessen Aussagekraft stützen. Ebenso sollte das eine telefonische Befragung der Krim-Bevölkerung im Januar 2015 tun, die im Auftrag von Berta Communications und Canada Fund for Local Initiatives für Project Free Crimea durchgeführt wurde und in der 82% dem Anschluss der Krim an Russland voll und ganz und 11% ihm eher zustimmten[48)], was mit dem Ergebnis des Referendums von 2014 durchaus vereinbar ist. Und warum soll das Referendum unter dubiosen Umständen stattgefunden haben? Könnten die Uniformierten ohne Hoheitsabzeichen, die während des Referendums beobachtet wurden, nicht Angehörige der seinerzeit von Präsident Meschkow aufgestellten paramilitärischen Spezialtruppe gewesen sein und keine camouflierten russischen Soldaten? Warum soll es nicht ihre Aufgabe gewesen sein, zusammen mit den Spezialeinheiten der in Sewastopol stationierten russischen Schwarzmeerflotte einer Verhinderung des Referendums durch ein Eingreifen der auf der Krim stationierten unter Kiewer Kommando stehenden Militäreinheiten entgegenzuwirken? Eine Verhinderung des Referendums wäre ja im Interesse Kiews gewesen. Und was das Völkerrecht betrifft, so sieht dieses kein prinzipielles Verbot von Unabhängigkeitserklärungen vor, wie 2008 der Fall Kosovo zeigte.[49] Die Klärung der Zweifel an der Durchführung des Referendums muss künftiger Geschichtsschreibung überlassen werden, die die undifferenzierte und mit Vorurteilen gegenüber Russland belastete Berichterstattung der Leitmedien ersetzen muss.

3.2.4.2 Das Assoziierungsabkommen der EU mit der Ukraine

Dieses Abkommen ist im Rahmen der Europäischen Nachbarschaftspolitik zu sehen, einem Programm, das von der EU-Kommission 2004 als Strategiepapier vorgelegt wurde. Ziel der Europäischen Nachbarschaftspolitik ist es, um die EU herum einen Gürtel stabiler, befreundeter Staaten zu bilden. Im Osten betrifft das die Ukraine, Weißrussland, Moldawien, Armenien, Aserbaidschan und Georgien.

Schon Ende der 1990er Jahre bemühte sich die Ukraine um eine Aufnahme in die EU. Dieses Bemühen wurde jedoch abgelehnt, weil die Ukraine nicht die Anforderungen für eine Aufnahme erfüllte. Doch 2008, im Jahre des Georgien-Krieges, begann man ein Assoziierungsabkommen mit der Ukraine vorzubereiten, das auch eine militärische Zusammenarbeit vorsieht.[50] Noch 2009 aber stellte der Präsident des Europäischen Parlamentes, Jerzy Buzek, in einem Interview mit der *Deutschen Welle* fest: *„Die Ukraine hat* *keine wesentlichen Fortschritte bei der EU-Annäherung erzielt".*[51)] Dennoch wurde die Vorbereitung des Assoziierungsabkommens weiter betrieben, obwohl die Fragilität der Ukraine bekannt war wie auch, dass eine Aufnahme der Ukraine in die EU nicht im Interesse Russlands lag, das wegen seiner historisch bedingten engen Verbindung mit der Ukraine in die Verhandlungen hätte einbezogen werden müssen. Die russische Reaktion auf diese Vorgehensweise bestand dann darin, dass Russland Präsident Wiktor Janukowytsch mit einem lukrativen finanziellen Angebot dafür gewann, das Assoziierungsabkommen mit der EU Anfang 2014 nicht zu unterzeichnen. Der Grund hierfür muss in dem russischen Plan der Schaffung eines eurasischen Pendants zur EU gesehen werden, in dem die Ukraine Mitglied sein soll, wie auch in der vorgesehenen militärischen Zusammenarbeit von EU und Ukraine.

Die Nichtunterzeichnung des Abkommens durch Präsident Janukowytsch löste den von Rechtsradikalen angeheizten und von den USA ausgenutzten Maidan-Aufstand aus und führte zum Sturz des demokratisch gewählten Präsidenten der Ukraine. Von 1991 bis September 2015 hatten die USA über amerikanische Hilfsorganisationen die Ukraine mit rund 5 Milliarden Dollar unterstützt, von denen ein Teil in die Veränderung politischer Strukturen floss.[52)] Drei EU-Außenminister versuchten zu vermitteln und kamen mit der ukrainischen Regierung und Oppositionsführern im ukrainischen Parlament darin überein, dass eine Regierung der nationalen Einheit gebildet werden sollte. Doch der bedrohte Präsident Janukowytsch floh nach Russland, und es wurde eine Regierung unter Leitung des den USA genehmen Arsenij Jazenjuk gebildet, die – abgesehen von ein paar parteilosen Ministern – ausschließlich aus Vertretern von Parteien bestand, die in der Westukraine verwurzelt sind (Julia Tymoschenkos Partei und die ultranationalistische Partei Swoboda, die ihre Wurzeln in einer Organisation sieht, zu deren Führung der Nazi-Kollaborateur Stepan Bandera gehörte). Die Partei Witali Klitschkos, Ukrainische Demokratische Allianz für Reformen (UDAR), war überhaupt nicht repräsentiert und die östlichen und südlichen Regionen der Ukraine waren kaum vertreten.[53)] Die neue Regierung unterzeichnete dann das von Janukowytsch abgelehnte Assoziierungsabkommen mit der EU, das einen Schritt in Richtung EU-Mitgliedschaft der Ukraine darstellt. Auch damit wurde die Eindämmung Russlands weiter betrieben. Da fast alle EU-Länder NATO-Mitglieder sind, musste Russland auch mit einer Aufnahme der Ukraine in die NATO rechnen, zumal sie schon 2008 um Aufnahme in die NATO nachgesucht hatte, was jedoch damals aus Rücksicht auf Russland(!), aber auch weil eine Mehrheit der ukrainischen Bevölkerung sich gegen das Ansuchen ausgesprochen hatte, abgelehnt wurde. Noch zwischen Februar 2013 und Februar 2014 sprachen sich nur rund 40% der Ukrainer für einen Beitritt zur EU aus. Im Osten und Süden der Ukraine waren es im Februar 2012 sogar nur rund 20%.[54)]

Warum verhielt sich die EU passiv nach der Flucht von Präsident Janukowytsch und pochte nicht auf die Einhaltung der Vereinbarung mit ihm und den Oppositionsführern? Dass die neue Regierung kaum Vertreter aufwies, mit denen sich die Mehrheit der Wähler in der Ost- und Südukraine identifizieren konnte, verschärfte die Spannungen im Lande.

Warum ließ Merkel Klitschko, den von ihr bevorzugten Nachfolger für Janukowytsch zugunsten des von den USA favorisierten Jazenjuk fallen? War es ihr rigider Transatlantismus?

Warum musste die EU trotz der immer deutlicher werdenden Probleme das Assoziierungsabkommen mit der Ukraine dennoch realisieren, was ja die Spannungen weiter verschärfen musste?

In diesen Fragen, die in deutschen Leitmedien nicht auftauchen, lassen sich bereits missionarische und geopolitisch-ökonomische, deutlicher imperialistische Motive des Westens erkennen.

3.2.4.2.1 Die geopolitischen Folgen

2007(!) äußerte sich Putin in seiner Rede auf der Münchener Sicherheitskonferenz zur NATO-Osterweiterung wie folgt:

„Ich denke, es ist klar: Der Prozess der NATO-Erweiterung ist nicht verbunden mit der Modernisierung der Organisation selbst oder mit der Sicherung des Friedens in Europa. Im Gegenteil. Das ist eine ernste Provokation, die das Niveau gegenseitigen Vertrauens senkt.“

Und weiter stellte er die Frage:

„Gut, die Sicherung seiner Sicherheit ist das Recht eines jeden souveränen Staates. […] Aber warum ist es notwendig, bei dieser Erweiterung militärische Infrastruktur an unseren Grenzen zu errichten?“.[55]

Das war ein klares Signal, dass eine Aufnahme der Ukraine in die NATO, um die die Ukraine dann 2008 nachsuchte, ernsthafte Folgen haben würde. In erster Linie wegen des russischen Marinestützpunktes in Sewastopol, der Russland Zugang zum Mittelmeer und damit zu den Weltmeeren gibt und der seit 1991 außerhalb Russlands lag und bei einer NATO-Mitgliedschaft der Ukraine drohte verlorenzugehen. Doch auch eine weitere Einkreisung Russlands durch die NATO spielte eine Rolle.

Die erste geopolitische Folge des Assoziierungsabkommens war demgemäß der Anschluss der Krim an Russland, da ja fast alle EU-Mitglieder auch NATO-Mitglieder sind und daher eine NATO-Mitgliedschaft der Ukraine in den Bereich des Möglichen rückte.

Eine weitere Folge war und ist die Unterstützung des Aufruhrs in der Ostukraine durch Russland. Diese steht ja in einem historisch verwurzelten Gegensatz zur Westukraine und ist stark nach Russland orientiert, was Russland zur Unterstützung des Aufruhrs gegen den von Rechtsradikalen forcierten Putsch in Kiew veranlasste. Doch das Engagement Russlands hier ist wie gesagt auch als Versuch zu sehen, eine NATO-Mitgliedschaft der Ukraine zu verhindern, da kein Land mit ungelösten Grenzstreitigkeiten Mitglied werden kann wie es in Artikel 1 in The North Atlantic Treaty heißt.[56)]

Aus der ideologisch motivierten Darstellung Russlands als Aggressor folgte der Beschluss der NATO, ihre Präsenz in den an Russland grenzenden Mitgliedstaaten zu erhöhen. Auch sollen die amerikanischen Atomwaffen modernisiert werden – wohl um „verwendbarer" zu werden. Damit wird ein erneutes, völlig sinnloses Wettrüsten eingeleitet.

3.2.4.2.2. Die ökonomischen Folgen

Nach Eckhard Cordes, Mitglied des Vorstandes des Ost-Ausschusses der Deutschen Wirtschaft, seien z.B. die deutschen Exporte nach Russland aufgrund der westlichen Sanktionen im Gesamtjahr 2014 schätzungsweise um ca. 20% gesunken, und für 2015 befürchtete er eine noch schlechtere Entwicklung, falls es zu keiner politischen Lösung der Ukraine-Krise kommt. Und er hatte recht: 2015 sanken die deutschen Exporte nach Russland um 25%. Ein dauerhafter Rückgang könne nach Schätzung von Cordes 2014 schlimmstenfalls zum Verlust von bis zu 60.000 Arbeitsplätzen führen. 2015 waren 97.000 weggefallen. Der stärkste Exportrückgang war 2014 mit 27% bei Kraftwagen zu verzeichnen. Der Maschinenexport sank um 17% und der Export von Chemie-Erzeugnissen um 6%. Die Exporte in Länder außerhalb der EU insgesamt wie auch die Konjunkturbelebung in den USA und der schwache EURO konnten laut BayernLB den negativen Effekt der Russlandsanktionen nicht kompensieren. Darüber hinaus droht der deutschen Industrie bei einer längeren Dauer der Sanktionen der Verlust des russischen Marktes, eines der größten und zukunftsträchtigsten der Welt, weil China ihn übernehmen wird – mit imitierter westlicher, besonders deutscher Technologie zu wesentlich günstigeren Preisen.[57)] Zukunftsträchtig ist der russische Markt, weil es sich hier um Investitionen in die Infrastruktur handelt, die durch ihre Ringwirkungen Nachhaltigkeit garantieren, wohingegen der westliche

Markt vornehmlich auf Konsum und Schulden basiert und daher krisenanfällig ist.

Die Landwirtschaft leidet unter den russischen Gegensanktionen, die den Import von Landwirtschaftsprodukten aus der EU untersagen.

Zu fragen ist, warum die EU-Länder, die für eine – eventuell schrittweise – Aufhebung der westlichen Sanktionen eintreten, bisher immer wieder für eine Verlängerung der Sanktionen gestimmt haben. Geschieht das aus Furcht vor einem Auseinanderbrechen der EU, wenn sie dagegen stimmen?

3.2.4.3 Die Rede Putins am 18.3.2014

Im März 2014 konnte man z. B. im *Spiegel* in dem Beitrag „Putin-Rede zur Krim-Krise" lesen:

„*Im Baltikum, in Moldau oder Weißrussland leben große russische Minderheiten, Putin reklamiert für Moskau das Recht, die Interessen der Auslandsrussen zu verteidigen.* "[58] (Unterstreichung d. Verf.)

Und in der *Süddeutschen Zeitung*:

„*Es ist ein Land* [Russland]*, das – so Putins Sicht – sein Haupt erhebt und beginnt, sich zu wehren gegen die äußeren Feinde, die es 'in die Ecke drängen' wollen, und gegen die inneren, die ihm als 'fünfte Kolonne' schaden. So hat Stalin einst den großen Terror begründet. Es ist ein völkisches Russland, das bedrohten Landsleuten Schutz bietet, wo sie auch leben mögen, denn die 'Russen sind das größte geteilte Volk der Welt' [durch den Zerfall der Sowjetunion]; es ist imperialistisch – Putin erinnerte daran, dass Kiew die Mutter aller russischen Städte sei.* "[59] (Unterstreichung.d.Verf.)

Und in der *Frankfurter Allgemeinen Zeitung*:

„In der Ansprache, die selbst eingefleischte russische Putin-Feinde elektrisierte, bekennt er [Putin] sich zum Selbstbestimmungsrecht der Völker, versicherte den Protestierenden vom Kiewer Majdan seine Sympathie, beschwor die Idee des 'Russki mir', einer grenzübergreifenden russischen Zivilisation, [...] Was vielleicht andere Kleinstaaten mit großen russischen Minderheiten wie Lettland oder Moldau schlaflos macht – das Selbstbestimmungs-recht aller Russen – , begrüßte die Kreml-Kritikerin Jewgenia Albatz als klares Bekenntnis zu den Menschenrechten, worauf sie und viele ihrer Gesinnungsgenossen lange gewartet hätten." [60)]
(Unterstreichung.d.Verf.)

Zur Kritik obiger Medienausschnitte ist Folgendes zu sagen. Zunächst zum *Spiegel*. Nirgendwo in seiner Rede spricht Putin davon, die Interessen der Auslandsrussen verteidigen zu wollen. Verteidigen will Russland lediglich die Russen in der Ukraine. Im russischen Original der Rede heißt es:

„In der Ukraine leben und werden Millionen Russen, russischsprachige Bürger leben, und Russland wird immer deren Interessen mit politischen, diplomatischen und juristischen Mitteln verteidigen." [61)]

Dieselbe Kritik gilt auch der *Süddeutschen Zeitung*. Darüber hinaus wird hier die Ursache des russischen Verhaltens unterschlagen. Die war – es kann nicht oft genug gesagt werden – der Abschluss des Assoziierungsabkommens mit der EU, in dem es auch um militärische Zusammenarbeit geht[62)] und um das ohne Einbeziehung Russlands verhandelt wurde. Es ist verständlich, dass Russland auf die Fortsetzung der Eindämmungspolitik des Westens aus der Zeit des ersten Kalten Krieges und einen möglichen Verlust seiner Marinebase auf der Krim reagierte. Ebenso verständlich ist die Reaktion Russlands auf Aktivitäten der *'fünften Kolonne'*, d.h. amerikanischer Nichtregierungsorganisationen in Russland, um eine für die USA günstige russische Politik zu befördern.[63)] Die Politik des Westens, vor allem die der USA, ist eine imperialistische Politik, die auf die Niederhaltung Russlands als Konkurrenten ausgerichtet ist. Außerdem ist das heutige Russland bei aller möglichen Kritik nicht das Russland Stalins![64]

Auch die *Frankfurter Allgemeine Zeitung* unterstellt Putin, für die Rechte <u>aller</u> Russen, also auch aller im Ausland lebenden, zu sprechen. Der Begriff *„russki mir"* (wörtlich: russische Welt/Gemeinschaft) taucht in Putins Rede **nur** in Verbindung mit dem Vergleich der deutschen Wiedervereinigung von 1990 mit der Wiedervereinigung der Krim mit Russland 2014 auf und ist hier am besten mit „Russen und Russlandfreunden" zu übersetzen. Die betreffende Stelle lautet in der deutschen Übersetzung des russischen Originals:

„Ich bin sicher, dass Sie das nicht vergessen haben [die vorbehaltlose Bereitschaft Russlands zur Wiedervereinigung Deutschlands], *und ich rechne damit, dass auch die Bürger Deutschlands das Streben der Russen und Russlandfreunde, die Einheit des historischen Russlands wiederherzustellen, unterstützen.* "[65]

Von einer Beschwörung der *„russki mir"* mit einem imperialistischen Unterton kann also keineswegs die Rede sein. „Russkij mir" ist dem British Commonwealth vergleichbar, jedoch mit dem Unterschied, dass in „russkij mir" Kirche und Religion eine wesentliche Rolle spielen, wobei Religion nicht auf die russische Orthodoxie beschränkt ist. Es handelt sich um ein mit dem Westen konkurrierendes konservatives kulturelles Modell, das den russischen Vielvölkerstaat zusammenhalten soll, aber auch grenzübergreifend ist, d.h. alle sich mit Russland verbunden fühlenden Menschen umfasst.[66] Unzweifelhaft meint Putin mit *„russkij mir"* in Verbindung mit *„die Bürger Deutschlands"* die Menschen, Russen wie Russlandfreunde, und nicht *„die Idee"* von „russkij mir" (wie es in der *Frankfurter Allgemeinen Zeitung* heißt, s.o.). In der englischen Übersetzung ist „russkij mir" übrigens ganz einfach mit *„Russians"* übersetzt.

Losgelöst vom Kontext könnte man Putins Begriff *'des histor- ischen Russlands'* beargwöhnen. Doch der Kontext weist eindeutig lediglich auf die Einheit von Russland und der Krim und keiner anderen Gebiete hin. Mit dem Argwohn, dass auch andere Gebiete gemeint sein könnten, wäre ein Widerspruch mit Putins darauf folgender Formulierung entstanden:

„Wir haben immer die territoriale Unverletzlichkeit des ukraini- schen Staates respektiert [...] Glauben Sie nicht dem, der Sie mit Russland schrecken will und laut ruft, dass der Krim andere Ge- biete folgen werden. ".[67]

Ob es sich in den genannten deutschen Medien nun um bewusste Propaganda oder ideologische Voreingenommenheit handelt, die nur das sieht, was zur Ideologie passt, sei dahingestellt.

Die Interpretationen der Rede Putins durch diese – u.a. – Medien haben letztlich dazu beigetragen, Russland in der neuen amerika- nischen Militärstrategie von 2015 wieder als Feind zu betrachten und – linientreu – auch in Deutschland als Bedrohung darzustellen. Russland wurde nach dem Anschluss der Krim am 18.3.2014 dann am 17.7.2014 sofort beschuldigt, das malaysische Passagierflug- zeug über der Ostukraine abgeschossen zu haben, wobei die Schuldfrage bis heute nicht geklärt ist.[68] In den baltischen Staaten, aber auch Polen, flammte eine geradezu hysterische Angst auf, von Russland okkupiert zu werden. Die NATO verlor alle kluge Zu- rückhaltung und verstärkte ihre militärische Präsenz in diesen Ge- bieten und forderte ihre Mitgliedsstaaten auf, die Rüstungsausgaben zu erhöhen. Kein Wort davon, dass die Rüstungsausgaben der NATO 2013 ca. 15mal höher waren als die Russlands,[69] woran sich wohl kaum etwas nennenswert geändert hat wegen der wirtschaft- lichen Probleme Russlands, besonders infolge des Verfalls des Ölpreises. Und nun wirkt die neokonservative russlandfeindliche amerikanische Außenpolitik auch noch in den Konflikt im Nahen Osten hinein, der wesentlich von der „regime change"-Politik der USA im Irak, in Libyen und Syrien verursacht wurde, und behindert eine Lösung dieses Konfliktes durch ein russisch-amerikanisches Zusammenwirken. Was ist das für eine Außenpolitik: die Ursachen der Ukraine- und Nahost-Krise unter den Teppich zu kehren, sich nicht um ein Verstehen des Gegners zu bemühen und die eigene Sicht der Welt für absolut richtig zu halten?

3.2.5 Die Nahost-Krise

Schließlich der Konflikt im Nahen Osten. Hier zog Syrien besonders die Aufmerksamkeit der USA auf sich, als dort 1963 die moskaufreundliche Baath-Partei die Regierung stellte, was bis heute der Fall ist.[70] Die Moskaufreundlichkeit zeigte sich u.a. darin, dass Moskau 1971 in Syrien, in Tartus, einen Marinestützpunkt errichten konnte. Hier und schon in den vorangegangenen Jahren liegen die Gründe eines von den USA angestrebten und von der CIA mit Hilfe islamischer Kämpfer betriebenen „regime change" in Syrien. Aber es ging nicht nur um die Bekämpfung des Kommunismus, mit dem der arabische Nationalismus gleichgesetzt wurde, sondern auch um die Sicherung der Ölversorgung, die man durch Verstaatlichungspläne bedroht sah. Präsident Eisenhower riet laut seines Stabssekretärs dem CIA, alles Mögliche zu tun, den Aspekt des „Heiligen Krieges" zu betonen. Seit da wurden sogenannte syrische Oppositionelle zunächst mit Geld, später mit Waffen von den USA unterstützt. Und das bis in unsere Zeit, was den zähen Widerstand der Djihadisten erklärt.[71] Diese Oppositionellen sind nämlich mehr und mehr der al-Nusra Front – einem Ableger von al-Qaida(!) – verfallen und wollen zusammen mit ihr Assad aus dem Amt vertreiben. Den USA ist es jedoch bisher nicht gelungen, Oppositionelle effektiv von al-Nusra zu trennen, nachdem sie 2012 al-Nusra als Terrororganisation eingestuft hatten.[72] Am wenigsten aber soll Assad aus humanitären Gründen gestürzt werden, sondern immer noch wegen seiner Verbindung mit Russland, aber auch mit dem Iran, dem Erzkonkurrenten des US-Alliierten Saudi-Arabien. Ja sogar die Unterstützung der Gründung eines Islamischen Staates hat man erwogen, um die Politik des Westens in der Region durchzusetzen, wie aus veröffentlichten Geheimdokumenten des amerikanischen Verteidigungs- und Außenministeriums hervorgeht.[73)] Als sich dann 2015 abzeichnete, dass der von den USA gewünschte „regime change" Realität werden könnte, bestand für Russland die Gefahr, Syrien als Verbündeten und damit seinen Marinestützpunkt in Tartus zu verlieren, der Russland den Weltmeeren ein Stück näher bringt. Daher, wie aber auch wegen einer für Russland gefährlichen Destabilisierung der gesamten Region, entsprach Russland der syrischen Bitte, in den Konflikt einzugreifen. Es handelt sich also auch hier um einen Machtkampf zwischen den USA und Russland, der von den USA angezettelt wurde.

Eine weitere Seite dieses Machtkampfes ist der Konkurrenzkampf beider Mächte im Gasgeschäft in Syrien. Das schließt man u.a. aus der geographischen Verteilung der Militäreinsätze der Amerikaner und Russen. Die US-Luftschläge konzentrieren sich vor allem auf östliche Gebiete Syriens, wo die von Russland geplante Iran-Irak-Syrien-Gaspipeline verlaufen soll. Die russischen Luftschläge konzentrieren sich dagegen vor allem auf westliche Gebiete Syriens, wo die von den USA unterstützte Katar-Saudi-Arabien-Jordan-Syrien-Türkei-Gaspipeline verlaufen soll (s. Abb. 4). Beide Pipelines kommen aus dem größten Erdgasfeld der Welt, das zu 1/3 im Iran und zu 2/3 in Katar liegt. Jede Seite will den Bau der geplanten Pipeline der anderen Seite verhindern. Die von den USA unterstützte Pipeline soll die Abhängigkeit Europas vom russischen Gas verringern, also dem Konkurrenten Russland schaden. Syrien lehnte seine Beteiligung an dieser Pipeline wegen Russland und dem Iran ab, wodurch die Destabilisierung Syriens durch Katar, Saudi-Arabien und die CIA eskalierte. Die von Russland als Reaktion auf den Bau der Katar-Saudi-Arabien-Jordan-Syrien-Türkei-Gaspipeline geplante Pipeline wäre günstig für den Iran und Syrien, Russlands Verbündete, schadete dem Konkurrenten Katar, brächte die Türkei um lukrative Transitgebühren und gäbe Russland Einfluss auf den Gaspreis.[74]

Und schließlich geht es auch um den Zugang ausländischer Energie-Konzerne zu den Öl- und Gasvorkommen Syriens selbst.

Eine zwischen Russland und den USA mühsam verhandelte Waffenruhe im September 2016 wurde u.a. durch die Bombardierung einer Stellung der syrischen Armee am 17.9. und die Zerstörung eines humanitären Hilfskonvois 2 Tage später gebrochen. Für die Bombardierung der syrischen Stellung entschuldigten sich die Amerikaner, für die Zerstörung des UN-Hilfskonvois gaben sie Russland und Syrien die Schuld, doch NATO-Generalsekretär Jens Stoltenberg möchte erst Beweise dafür sehen.[75] Am 3.10. kündigte dann Russland Gespräche mit den USA über eine weitere atomare Abrüstung vorerst auf (s. 3.2.1). Wenige Stunden danach kündigten die USA die Gespräche mit Russland über Syrien auf und erwogen direkte Angriffe gegen Syrien ohne UNO-Mandat.[76] Damit war eine ähnlich gefährliche Situation wie 1962 in der Kuba-Krise entstanden, nämlich die Gefahr einer direkten Konfrontation der USA mit Russland. Russland gab damals als der Klügere nach. Würden die USA heute dasselbe tun? Doch die ständig wechselnden Fronten zahlreicher Kämpfergruppierungen unterscheiden die heutige Situation im Nahen Osten von der 1962 und werden die Welt wohl noch längere Zeit in Atem halten.

4. Bedroht Russland den Westen?

Grundlage für das Gefühl des Bedrohtseins ist auch hier die Propaganda der Leitmedien, die die Reaktion zur aggressiven Aktion macht. Der Anschluss der Krim an Russland war, wie gezeigt wurde, die Reaktion auf das Assoziierungsabkommen der EU mit der Ukraine. Das verschweigen die Leitmedien beharrlich. Damit erscheint der Anschluss der Krim als russische aggressive Aktion, der weitere Anschlüsse, wie z.B. der baltischen Staaten, folgen könnten.

So half die Propaganda, Russland zum Feind des Westens zu machen. Und daraus erklärt sich z.B. auch die Äußerung Roland Freudensteins, stellvertretender Direktor der offiziellen Denkfabrik der konservativen Europäischen Volkspartei im Europäischen Parlament, der plötzlich davon redet, es Russland klar machen zu müssen, dass *„wir gewillt sind, Krieg zu führen für das, was wir als existentielle Prinzipien der Zukunft Europas betrachten“*.[77]

2014 gedachte man an den Ausbruch des I. Weltkrieges. Ein Jahr später an den Sieg über Hitler-Deutschland. Kontrastiert man diese Gedenken mit der gegenwärtigen Situation und fragt sich, was man aus den beiden Weltkriegen gelernt hat, bekommt man Angst vor der Zukunft: Man scheint nichts gelernt zu haben. Wieder geht es darum, Konkurrenz auszuschalten, diesmal das wiedererstarkende Russland. Und es geht darum, den Geltungsbereich einer Ideologie auszubreiten, diesmal keine nazistische oder kommunistische, sondern eine konservative, marktliberale Überlegenheitsideologie, deren immer noch einflussreiche amerikanische Variante – der Neokonservatismus – die amerikanischen Werte Demokratie und Freiheit unter Führung der USA auch mit militärischer Gewalt über die ganze Welt verbreiten will.[78] Wieder meinen also gewisse Kreise, Probleme – hier den Konflikt mit Russland – mit Krieg lösen zu müssen.

Das Dilemma besteht in Folgendem. Eine Generation überliefert der nächsten traditionsgemäß die Schrift, das Rechnen, naturwissenschaftliche und historische Kenntnisse sowie Fähigkeiten der verschiedensten Art. Einzig und allein die Überlieferung von Erfahrungen wie der von Krieg funktioniert schlecht. Immer wieder sind allzu viele Menschen – vor allem Jugendliche – bereit zum Krieg. Sie ziehen in die Ukraine, in den Irak, nach Syrien, kurz überall dorthin, wo es Krieg gibt. Nur wer Krieg selbst erlebt hat, wird – abgesehen von aggressiv veranlagten Menschen – nicht losziehen. Bloße Worte und Bilder vom Grauen des Krieges haben offenbar nicht die nachhaltige Wirkung wie das Erlebnis existenzieller Angst im Krieg. Wer z.B. einen Bombenangriff mit 800 Bombenflugzeugen und 2400 Tonnen Spreng- und Brandbomben in ein paar Nachtstunden in einem gewöhnlichen, unsicheren Wohnhauskeller erlebt hat und wie eine Ewigkeit lang die gleichzeitige Detonation von tausenden von Bomben gehört hat und sich katastrophal ausgeliefert gefühlt hat und in seiner grenzenlosen Angst in die Magie geflüchtet und darauf konzentriert hat, dass eine Bombe das Haus trifft, damit sie es nicht trifft, der will keinen Krieg mehr. Wer nachts auf von Militär- und Flüchtlingsfahrzeugen völlig verstopften Straßen im Abstand von etwa 5 m an einem brennenden Panzer, in dem sich noch Munition befinden sollte, im Schritttempo vorbeifahren musste, der will das nie wieder erleben müssen. Wer während eines Tieffliegerangriffs in einem Hausflur Schlange stehen musste, um in den Luftschutzkeller zu kommen, während durch die Druckwellen der Detonationen Fenster zersprangen und der Putz von der Decke abriss und die Menschen in einen weißen Kalknebel hüllte, der will nicht noch einmal so warten müssen. Und so weiter und so weiter. Dabei ist das noch nicht einmal das Schlimmste, was man in einem Krieg erleben kann. Aber es reicht. Doch es gibt wohl heute keine aktiven Politiker mehr, die den II. Weltkrieg im eigenen Land erlebt haben. Daher aber gibt es eben solche – vor allem Konservative – , die leichtfertig von der Notwendigkeit von Krieg reden und dementsprechend handeln wollen.

Dabei bleibt völlig unberücksichtigt, dass Russland der NATO (inkl. USA) militärisch beachtlich unterlegen ist, was vom offiziellen Westen verschwiegen wird.[79] Die Rüstungsausgaben der USA allein waren 2017 nach einer Reduzierung von 2010 ab in US$ (2016) immer noch über zehnmal(!) höher als die Russlands (s. Abb. 5), woran eine russische Steigerung ab 2009 von ca. 23% im Jahre 2017 wenig ändert. Zum westlichen Feindbild dagegen passt, dass Russland seine Rüstungsausgaben im Zeitraum 1996 - 2017 um ca. 63% auf rund 55 Mia. US$ (2016) erhöht hat. Aber auch da wird wieder etwas verschwiegen, nämlich, dass sich die russischen Rüstungsausgaben nach dem Zusammenbruch der Sowjetunion 1996 auf einem Tiefststand von rund 20 Mia. US$ (2016) befanden.[80] Hinzu kommt die ökonomische Schwächung Russlands durch die westlichen Sanktionen wegen der Ukraine-Krise und durch den Ölpreisverfall. Wo ist da die Grundlage für eine drohende imperialistische russische Politik? Eine solche Grundlage böten nur die russischen Atomwaffen, doch die hat Russland im Gegensatz zu den USA noch nie eingesetzt – auch nicht in den schlimmsten Krisen während des Kalten Krieges und angesichts des sich abzeichnenden Zerfalls der Sowjetunion.

Und selbst wenn Russland und China sich verbünden würden, wären die Rüstungsausgaben der USA – besonders nach einer drastischen Steigerung 2018 – immer noch über doppelt so hoch wie die Russlands und Chinas zusammen (s. Abb. 5).

5. Das heutige Russland ist nicht die Sowjetunion

Grundlegend für eine Beschreibung des innenpolitischen Zustandes in Russland ist die Furcht vor einem vom Westen gesteuerten Staatscoup. Das mag absurd klingen, kann aber mit Fakten, die von den Leitmedien – natürlich! – nicht genannt werden, belegt werden. So ist auch – das nun wieder zum Feind erklärte – Russland Ziel der amerikanischen, neokonservativen „regime change"- Politik. *„Tatsächlich erhielten russische Oppositionsgruppen und -parteien schon seit der Auflösung der Sowjetunion finanzielle und technische Hilfe von den einschlägigen US-Organisationen. [...], die allesamt auch mit der CIA verknüpft sind"*, schreibt Arnim Wertz in seinem Buch „Die Weltbeherrscher. Militärische und geheimdienstliche Operationen der USA.[81]

Gegen Russland zielte auch die Unterstützung des westlich orientierten ukrainischen Präsidentschaftskandidaten Wiktor Juschtschenko gegen seinen ostukrainischen, russlandfreundlichen Konkurrenten Wiktor Janukowytsch von 2002 bis 2004 durch US-Organisationen wie z.B. National Endowment for Democracy mit 65 Millionen US\$. Weitere Zahlungen folgten zur Unterstützung der westlich orientierten Opposition der Ukraine.[82] Man erhofft sich von einer westlich geformten Ukraine letztlich einen „regime change" in Russland – ohne zu bedenken, dass eine Revolution auch die russischen Nationalisten an die Macht bringen könnte. Oder will man das, um einen driftigen Grund für einen Krieg gegen den Feind Russland zu haben?

Ist es bei dieser Sachlage noch verwunderlich, dass die russische Führung die Arbeit von vom Ausland unterstützten Nichtregierungsorganisationen beschränkt und die Medien unter Kontrolle haben will? Auch hier handelt es sich also um eine Reaktion Russlands, die in den westlichen Leitmedien zur – hier autoritären – Aktion gemacht wird.

Und warum stehen dennoch ca. 80 % der russischen Bevölkerung hinter Putin? Weil er das durch Jelzin – dessen Wahlkampf die

USA ebenfalls unterstützten – verursachte totale Chaos beseitigt hat, das durch eine mit brachialer Gewalt durchgeführte Privatisierung der Wirtschaft und Liberalisierung der Gesellschaft entstanden war und u.a. zur Nichtauszahlung bzw. verzögerten Auszahlung von Löhnen und Renten sowie einem gewaltigen Unterschied zwischen arm und reich geführt hatte. Die Bevölkerung hat auf diese Weise freie Marktwirtschaft und Demokratie in die falsche Kehle bekommen. Thomas Fasbender drückt es in seinem Buch „Freiheit statt Demokratie. Russlands Weg und die Illusionen des Westens"[83] soaus:

„Die Namen der liberalen Politiker Gaidar und Tschubais stehen neben Gorbatschow und Jelzin in den Augen der Bevölkerung noch lange auf der Liste der bestgehassten Landsleute."

Doch:

„Schock und Privatisierung waren jedoch nicht umsonst. Die Tatsache, dass Jelzin, Gaidar und Tschubais das Ganze schnell, wenn auch extrem schmerzhaft, hinter sich brachten, legte das Fundament für die wirtschaftliche Auferstehung. Irgendwer musste den Schutt wegräumen, den die Kommunisten mit ihrer Planwirtschaft hinterlassen hatten."

Und weiter:

„Mit dem Kontinent der ‚europäischen Werte' in ihrem derzeitigen Zuschnitt ist Russland nicht deckungsgleich. Es steht nicht für die Vielfalt im Zeichen des Regenbogens, nicht für grenzenlose Toleranz, nicht für Multikulturalismus und nicht für die säkulare Gesellschaft. Russland verkörpert, aller kommunistischen Vergangenheit zum Trotz, das konservative, traditionelle, ständische Europa, das einstmals sogenannte christliche Abendland. Wer das als ‚rückständig' abtut, macht es sich gefährlich leicht. Der Fortschritt verläuft nicht linear. Welches der beiden Europas in hundert Jahren noch übrig ist, das werden unsere Urenkel erleben. Totgesagte können erstaunlich lebensfähig sein."

Und dennoch gibt es immer noch unabhängige Medien wie z.B. Doschd' und Echo Moskwy, und Artikel in den abhängigen Medien haben große Ähnlichkeit mit der westlichen Kritik an der westlichen antirussischen Propaganda. Das sollte nicht – wie in den westlichen Leitmedien der Fall – bei aller Kritik an antiwestlicher Propaganda in Russland arrogant übergangen werden mit dem Argument, dass es sich hier lediglich um ein Ventil zum Abbau oppositioneller Energie handle. Kritik, in welchem Umfang auch immer, trägt stets ein Veränderungspotential in sich. Wie auch im Westen ist die Wirkung dieses Potentials in der gesellschaftlichen Praxis allerdings abhängig von der Akzeptanz der Kritik durch die Regierenden.[84] Und schließlich sollte man vor allem nicht die Dominanz der Anti-Russland-Propaganda in den westlichen Leitmedien vergessen.

Der ehemalige EU-Erweiterungskommissar und Stellvertreter des EU-Kommissionspräsidenten, Günter Verheugen, hat auf mehreren Reisen die Sowjetunion kennengelernt und nach deren Zerfall das heutige Russland. Sein Eindruck:

„[...] Moskau ist heute eine moderne, europäische Stadt mit einer großen Dynamik. Die Geschäfte, das Internet überall, die alte und neue Architektur, die Autos, die Kontakte der Menschen ins Ausland. Russland ist kein abgeschottetes Land. In den Siebzigerjahren unter Leonid Breschnew war das ganze System erstarrt und sklerotisch. Es hatte den Kontakt zu den Menschen und zur Realität verloren. [...] Russland wird gerne nur als Land beschrieben, das auf dem Weg zurück in die Barbarei ist. Das stimmt aber nicht. Putin ist kein Wiedergänger von Zar Iwan dem Schrecklichen oder Josef Stalin. "[85]

6. Wie empfehlenswert ist das amerikanische Gesellschaftsmodell?

Das amerikanische Gesellschaftsmodell, das die Neokonservativen – auch mit Gewalt – über die ganze Welt verbreiten wollen, um totalen Frieden zu schaffen, ähnelt einer Oligarchie, in der Milliardäre mit ihrem Geld die Politik zu ihren Gunsten zu beeinflussen versuchen, was ihnen auch weitgehend gelingt. Die Milliardär-Brüder Charles und David Koch z.B. besitzen ein eigenes Meinungsforschungsinstitut, das ihnen die Grundlagen für politische Entscheidungen liefert. Der Mitbegründer von Facebook, Dustin Moskowitz, gründete eine Protestgruppe gegen höhere Zinsen. Durch die Niedrigzinspolitik sind die Aktienkurse infolge höherer Nachfrage gestiegen. Steigen die Zinsen, fallen die Aktienkurse, was jedoch nicht im Interesse der Aktionäre ist. Also protestiert man gegen höhere Zinsen und unterstützt damit gleichzeitig Hillary Clinton, denn fallende Aktienkurse führen, wie die Geschichte zeigt, dazu, dass der Präsidentschaftskandidat der Partei des amtierenden Präsidenten die Wahl verliert.[86] Die Wähler sind dann verängstigt und wählen den Gegenkandidaten. Dass niedrige Zinsen bei Inflation, gleichbleibenden Löhnen und Steuern die Ersparnisse der kleinen Leute auffressen, lässt die Reichen ungerührt. Der Präsidentschaftswahlkampf wird stark von Milliardären und großen Unternehmen finanziert. Hillary Clinton hat z.B. große Summen von der Rüstungsindustrie und der Wall-Street erhalten. Die Spender erwarten dann natürlich eine ihnen genehme Politik. Kurz: Geld korrumpiert die Politik und zerstört die Demokratie. Die Wähler versucht man mit einer gigantischen Propaganda zu manipulieren, indem man „think tanks" gründet und Leitmedien an sich bindet. Bei den Vorwahlen der Demokraten zu der Präsidentschaftswahl 2016 kam es sogar zum Ausschluss und zur Einschüchterung von Wählern wie auch zur Manipulation von Wahlergebnissen, um Hillary Clintons Kandidatur gegenüber Bernie Sanders zu sichern. Laut Greg Palast, einem amerikanischen Investigativ-Journalisten, sollen Namen von Wahlberechtigten auch bei allen eigentlichen Wahlen von den Wählerlisten – aus in Europa undenkbaren Gründen – entfernt werden und mindestens 3 Millionen Stimmen nicht gezählt werden. Da sowohl Demokraten wie Republikaner sich dieser Manipulation bedienen und Richter nach politischen Kriterien benannt werden, ist es schwierig die Manipulationen anzufechten. [87]

Auch die wirtschaftliche Situation der USA ist problematisch, allein schon durch extrem hohe Rüstungs-, Militärbasenkosten und Kriegsausgaben. Für die Instandhaltung von Straßen, Brücken, öffentlichen Gebäuden und Entsorgungssystemen sowie für die medizinische Versorgung fehlt das Geld. Der Neoliberalismus hat die Schere zwischen arm und reich immer weiter geöffnet. 400 Amerikaner haben heute mehr Reichtum als 50% aller Amerikaner. Verändert sich hier nichts, wird es früher oder später zu einer sozialen Explosion kommen. Die sich bei den Präsidentschaftswahlen 2016 zeigende Ablehnung des demokratischen Establishments scheint zusammen mit vielen sozialen Unruhen ein Vorbote dafür zu sein. Eine russische Einmischung in die Wahl erscheint da überflüssig. Andererseits laufen die USA Gefahr, denselben Fehler zu begehen wie seinerzeit die Sowjetunion, nämlich sich zu Tode zu rüsten.

Die Folgen dieser Zustände sind:

„1) Nur ⅓ der Amerikaner vertrauen anderen laut einer Umfrage von AP-GFK [eines der größten Marktforschungsinstitute].
2) Die USA haben die höchste Anzahl psychischer Erkrankungen und Süchtiger in der Welt (WHO) [World Health Organization].
3) In Bezug auf die Lebenserwartung rangieren die USA auf Platz 26 von den 36 OECD-Ländern, während die Kindersterblichkeit die höchste in der westlichen Welt ist (CDC) [Centers for Disease Control].
4) Die USA sind die Nation mit der größten Fettleibigkeit der Welt [The Lancet 2014].
5) In Bezug auf die Bildungsleistung liegen die USA auf Platz 36 im Weltmaßstab.

6) Die USA haben die höchste Teenagerschwangerschafsrate der entwickelten Welt (CDC).

7) Die USA haben die höchste Mordrate der westlichen Welt und liegen im Weltmaßstab auf Platz 7.

8) Die USA haben die höchste Anzahl Strafgefangene in der Welt, per Einwohner wie auch in der totalen Anzahl Gefangener.

9) Ein in Armut geborenes Kind der USA hat heute eine 33%ige Chance, einen höheren Lebensstandard zu erreichen. 1946 betrug diese Chance 50%".[88]

Das Gesellschaftsmodell, das die amerikanischen Neokonservativen in alle Welt exportieren wollen – auch mit Gewalt – , ist also gar nicht so empfehlenswert, wie die Propaganda es vortäuscht. Politische Korruption, gefährliche Propaganda, Wahlmanipulationen und nicht zu vergessen latenter Rassismus, Folter und Todesstrafe gibt es auch in vielen anderen Ländern – was den „regime change" zur Etablierung dieses Gesellschaftsmodells in diesen Ländern eigentlich überflüssig machen sollte?! Man kann zwar in den USA gegen alles protestieren, aber das System ist äußerst zählebig.[89]

7. Die Notwendigkeit einer anderen Medienkultur

In den Demokratien finden periodisch Wahlen statt, im Allgemeinen alle 4 Jahre. Die an den Wahlen teilnehmenden Parteien haben mehr oder weniger unterschiedliche Programme. Die Wähler sind mehr oder weniger an Politik interessiert, teils nur, wenn es um ihre subjektiven Belange geht. Im Laufe von 4 Jahren können Ereignisse eintreten, die im Wahlkampf noch kein Thema sein konnten. Hier sind die Politiker genötigt, allein aus ihrer persönlichen Überzeugung zu handeln, ohne eine Legitimation ihrer Entscheidungen durch die Wähler. Und die Bürger treffen ihre Entscheidung in der vorausgegangenen Parlamentswahl ohne die Faktenlage der Zukunft.

Hätte man die Regierung Merkel 2013 wiedergewählt, wenn man damals gewusst hätte, dass 2014 in Kiew ein Aufstand stattfinden wird, den die USA dazu benutzen werden, putschartig eine ihren Interessen genehme Regierung einzusetzen, und die EU – mit der Regierung Merkel – das stillschweigend geschehen lassen wird? Wenn man gewusst hätte, dass die EU dann – mit der Regierung Merkel – dennoch das Assoziierungsabkommen mit der Ukraine abschließt, obwohl klar sein musste, dass Russland, für das EU und NATO zwei Seiten derselben Medaille sind, darauf drastisch reagieren wird? Wenn man gewusst hätte, dass die USA zusammen mit der EU – und der Regierung Merkel – die Situation mit Sanktionen gegen Russland weiter eskalieren werden, dass diese Sanktionen und die russischen Gegensanktionen Deutschland und der EU insgesamt beträchtlichen Schaden zufügen werden und dass schließlich ein neues Raketenabwehrsystem der NATO, das auch russische Raketen abwehren können wird, ein neues Wettrüsten einleiten wird, dem Merkel vorbehaltlos zustimmt? Die nach 2013 erfolgte Kritik an Merkels Russlandpolitik durch Spitzenpolitiker, Parteien, die Wirtschaft und weite Kreise der Bevölkerung bekräftigt den Zweifel an einer Wiederwahl der Regierung Merkel, wäre alles das 2013 bekannt gewesen.

Hätte man die Regierung Merkel 2013 wiedergewählt, wenn man gewusst hätte, dass Merkel 2015 mit ihrer Willkommenskultur die Flüchtlingskatastrophe verstärkt, indem daraufhin ca. 1 Million Flüchtlinge quasi über Nacht nach Deutschland kommen und die Behörden die Kontrolle über diese Menschen verlieren? Wenn man gewusst hätte, dass Merkel mit ihrer Willkommenskultur und ihrem an Obama angelehnten „Wir schaffen das" sogenannten Populisten wie auch Extremisten auf der rechten wie linken Seite Auftrieb gibt? Wenn man gewusst hätte, dass sie aber dann nach Wahlniederlagen und drastisch sinkenden Umfragewerten eine 180°-Wende vollzieht, doch wohl nur um ihre Macht zu erhalten? Wenn man gewusst hätte, dass sie in ihrer „Not" – im Rahmen der EU – mit der Türkei ein Abkommen zur Begrenzung des Flüchtlingsstroms schließt und dafür der Türkei Visafreiheit bietet, wohl kaum unwissend darüber, dass damit der Flüchtlingsstrom wieder anschwellen könnte, diesmal durch politisch verfolgte Türken, besonders türkische Kurden, die die Visafreiheit nutzen, um in der EU – wohl wieder am meisten in Deutschland bei „Mama Merkel", wie es auf dem Transparent eines Flüchtlings stand – um Asyl nachzusuchen, für das es ja für Merkel immer noch keine Obergrenze gibt? Die seit Ende 2015 anwachsende Kritik an Merkels Flüchtlingspolitik bekräftigt jedenfalls den Zweifel an einer Wiederwahl Merkels 2013, wenn man das alles damals gewusst hätte.

Experten haben sicher vieles vorausgesehen und das wohl auch den Regierenden gegenüber zum Ausdruck gebracht, die jedoch aus ideologischer Überzeugung die Risiken in Kauf nahmen, die sich aus dem Handeln gegen die Experten ergeben mussten. Aber auch das Gros der Wähler hätte vieles voraussehen können, wenn die Leitmedien mit ihrer großen Reichweite sich nicht in den Dienst der Propaganda gestellt und nicht die verhängnisvolle, aber Geld einbringende Kultur hätten, so gut wie ausschließlich auf Aktualität und Sensation ausgerichtet zu sein, anstatt Analyserahmen zu liefern, in die künftige Ereignisse eingeordnet werden können.

So hätten die Leitmedien in Bezug auf die Ukraine-Krise über die Ideologie der amerikanischen Neokonservativen und deren Einfluss auf die Außenpolitik der USA wie auch der EU berichten sollen. Sie hätten eingehend über die Kritik Putins an dieser Außenpolitik auf der Münchener Sicherheitskonferenz 2007 informieren sollen, die als Warnung vor einer Beherrschung der Welt durch die USA zu verstehen ist. Das hätte die Grundlage für eine Hinterfragung der Ereignisse in Kiew im Frühjahr 2014 bilden können. Sie hätten über die Geschichte der Krim und deren vor allem strategische Bedeutung für Russland sowie das Streben der Krim nach Unabhängigkeit in der ersten Hälfte der 1990er Jahre und die Orientierung der Krimbewohner nach Russland berichten sollen, was die Möglichkeit des Anschlusses der Krim an Russland hätte aufzeigen können. Sie hätten über die schon lange vor 2014 in West und Ost gespaltene Ukraine, über die russische Wahrnehmung von EU und NATO als zwei Seiten derselben Medaille und die NATO-Statuten berichten sollen, nach denen Länder mit Grenzkonflikten nicht NATO-Mitglied werden können. Das hätte das russische Engagement in der Ostukraine voraussagbar gemacht. Wären Experten mit ihrem Wissen von vor 2014 in den Leitmedien zu Wort gekommen, wäre wohl eine Wiederwahl Merkels 2017 mehr als fraglich gewesen.

Was die Flüchtlingskatastrophe von 2015 betrifft, war Experten lange vorher bekannt, dass der Westen, bzw. die USA, das nach Russland orientierte Assad-Regime stürzen wollte, und zwar unter Ausnutzung religiöser Gegensätze und unter Mitwirkung regionaler Mächte, vor allem Saudi-Arabiens. Vorauszusehen war, dass der Irak-Krieg 2003 und die totale Auflösung der irakischen Armee kritische Folgen haben würden – was die Bildung des Islamischen Staates dann ja bestätigte. Dass die Vielzahl der Kontrahenten im 2011 beginnenden syrischen Bürgerkrieg einen baldigen Frieden und damit ein nahes Ende des Flüchtlingsstromes unwahrscheinlich erscheinen lässt. Dass der Sturz Gaddafis 2011 zu chaotischen Clanstreitigkeiten führen und der IS versuchen würde, sich in diesem Chaos in Libyen festzusetzen. All diese Ursachen der

Flüchtlingskatastrophe waren vor 2013 bekannt, und die Folgen konnten erahnt werden. Jedoch haben die Regierenden und die Leitmedien das Expertenwissen – aus welchen Gründen auch immer – unbeachtet liegen lassen. Nur die merkelsche Willkommenskultur, die die Katastrophe verschärfte, kam unerwartet.

Hätten die Leitmedien das Expertenwissen von vor 2013 verbreitet und damit den Kontrast zur Passivität der Regierung Merkel hinsichtlich des Flüchtlingsproblems vor dem Herbst 2015 offengelegt, hätte es 2013 wahrscheinlich keine erneute Regierung Merkel gegeben.

Die gegenwärtige Medienkultur, vor allem der Leitmedien, kann also fatale Folgen haben und muss verändert werden.

Der politische Lobbyismus muss gestoppt werden. Die Finanzierung der Medien muss geändert werden. Propagandistische Homogenität muss erneuter kritischer Vielfalt weichen. Ein Vorschlag, das zu erreichen, soll im Folgenden kurz skizziert werden.

Die Finanzierungsquelle der deutschen Printmedien sind vor allem der Verkaufserlös und die Einnahmen aus der Werbung. Online-Medien finanzieren sich – noch – überwiegend aus Werbung. Um den Umsatz der Printmedien zu steigern, entstand eine immer größere Medienkonzentration mit Infotainment- und Sensationsstil sowie der Ausrichtung der Berichterstattung nach den Mehrheitsverhältnissen in der Bevölkerung, was den Medienkonzernen immer mehr Leser zuführte. Am Anfang der Flüchtlingskrise z.B. wurde Angela Merkel 2015 auf der Titelseite des *Spiegel*-Heftes Nr.39 als Mutter Theresa abgebildet. Als dann die sogenannte Willkommenskultur in eine mehrheitliche Ablehnung der merkelschen Flüchtlingspolitik umschlug, folgte auch der „Spiegel" u.a. Medien mit.

Nun ist aber die Finanzierung aus der Werbung in Gefahr. Nicht nur die Print-, sondern auch die Online-Medien sind davon betroffen, dass die Wirtschaft mehr und mehr ihre Werbung ins „Facebook" verlegt, weil das die größte Reichweite hat. Die Folge sind drastische Einsparungen bei den Medien. Die Möglichkeit eines Ausgleichs durch weitere Konzentration ist nun begrenzt. Das wiederum hat Folgen für die Qualität der Medien. Einerseits wird qualifizierten Journalisten gekündigt, andererseits werden die verbleibenden Journalisten mit der Berichterstattung über zu viele unterschiedliche Themen überfordert. Muss man über Englisch hinaus fremdsprachenkundige Journalisten entlassen, ist man auf englische Übersetzungen angewiesen, die entweder nicht sofort oder überhaupt nicht vorliegen bzw. fehlerhaft sein können.

Auch der politische Lobbyismus spielt eine Rolle bei der Medienfinanzierung. Mit engen Kontakten zu Politikern, Unternehmern, „think tanks" usw. kommt man an Neuigkeiten heran, mit denen man die Konkurrenz ausstechen kann.

Um all dem zu entgehen und Print- wie Online-Medien wirklich zur vierten Gewalt zu machen, bietet sich z.B. als Modell – mit Modifikationen – die Organisation der Arbeitsgemeinschaft der öffentlich-rechtlichen Rundfunkanstalten der Bundesrepublik Deutschland (ARD) an. Eine grundsätzliche Schwierigkeit dabei ist allerdings, dass private Medienunternehmen dazu in öffentlich-rechtliche Unternehmen umgewandelt werden müssten. Die schwindende Finanzierung aus der Werbung könnte ähnlich wie in Holland beim Rundfunk durch eine Finanzierung aus Steuergeldern ersetzt werden und eine Konzentration der Medien mit ihren negativen Folgen sicher verhindern. Dem Einwand, dass eine staatliche Finanzierung staatlicher Propaganda Tor und Tür öffnen würde, ist die Tatsache entgegenzuhalten, dass sich auch – wie in den Kapiteln 1.–3.2.5 dargestellt – in privatwirtschaftlich organisierten Medien staatliche Propaganda findet. Auf jeden Fall müsste im Grundgesetz Artikel 5 über die Pressefreiheit um eine Verpflichtung zu unparteiischer, vielfältiger und objektiver Berichterstattung erweitert werden. Dadurch erhielte diese Verpflichtung größeres Gewicht als sie es in einem Staatsvertrag wie heute im Falle des Rundfunks hat. Entsprechend dem Rundfunkrat der ARD könnte ein Bundesrat für Print- und Online-Medien etabliert werden, der sich aus Vertretern von Gruppierungen zusammensetzt, die einen relevanten Querschnitt der Bevölkerung abbilden, und der die Verantwortung für eine unparteiische, vielfältige und objektive Berichterstattung hat. Das wäre zuverlässiger als die freiwillige Selbstkontrolle der Presse. Dieser Rat könnte einen Verwaltungsrat und die Chefredakteure wählen, die dann Fachredakteure berufen, die ihrerseits Fachjournalisten berufen. Ein Problem dabei ist die Ermittlung des relevanten Querschnitts der Bevölkerung ausgedrückt in Organisationen, Verbänden und allen Parteien. Die Relevanz kann sich ändern. Der Bund der Heimatvertriebenen z.B. hat heute nach drei Generationen Vertriebener seine Relevanz verloren. Neu hinzugekommen sind z.B. Ausländerverbände. Die Entscheidung über die Relevanz einer Gruppierung könnte auch dem Bundesrat für Print- und Online-Medien obliegen. Um die Meinungsvielfalt zu stärken, sollte jede der genannten Gruppierungen je 1 Vertreter ihrer internen Fraktionen in den Rat entsenden. Außerdem ist darauf zu achten, dass keine Organisation, kein Verband und keine Partei den Rat dominiert. Trotz mancher Probleme könnte die Versorgung der Bevölkerung mit einer politischen Berichterstattung frei von Propaganda auf diese Weise wahrscheinlich besser gewährleistet werden als auf privatwirtschaftlicher Basis.[90]

8. Demokratie und Globalisierung

Bei den amerikanischen Präsidentschaftswahlen im Herbst 2016 sind die neokonservative Kandidatin Hillary Clinton für die Demokraten und der vermutlich realistisch/isolationistische Kandidat Donald Trump für die Republikaner angetreten. Eine Fortsetzung der neokonservativen Außenpolitik bedeutete: Fortsetzung der „regime change"-Politik, der Schaffung weiterer „failed states", kurz Krieg und Chaos. Eine Beschränkung der USA auf sich selbst könnte dagegen zu einer Beruhigung der Weltlage führen. Aber die Nichtamerikaner dieser Welt sind von den amerikanischen Präsidentschaftswahlen ausgeschlossen! Sie haben sich der Entscheidung der amerikanischen Wähler zu fügen. Und während die Außenpolitik der USA für die Nichtamerikaner das Wichtigste ist, muss sie es nicht für die amerikanischen Wähler sein. Das ist ein unerträglicher Zustand des Ausgeliefertseins für die Nichtamerikaner.

Doch wie kann Demokratie globalisiert werden, wo sie schon auf nationalstaatlicher Ebene nicht global existent ist? Bestimmt nicht durch Krieg und sozusagen über Nacht wie alle „failed states" beweisen. Eine Demokratisierung der Vereinten Nationen könnte anscheinend ein Weg sein. Dazu ist ein UNO-Parlament vorgeschlagen worden, das aus Delegierten bestehen soll, die entweder von den nationalen Parlamenten entsandt oder direkt von den Bürgern der einzelnen Staaten gewählt werden sollen.[91)] Doch welche Machtbefugnisse soll/kann ein solches Parlament haben? Sind die Großmächte bereit, auf ihr Vetorecht zu verzichten? Wie können Staaten davon abgehalten werden, ohne UNO-Mandat Gewalt auszuüben? Wie können Staaten bestraft werden, wenn sie UNO-Resolutionen nicht respektieren oder ihre Beitragszahlungen verweigern?

Der einzig mögliche Weg, dem Ausgeliefertsein von Entscheidungen in einem anderen Staat zu entgehen, scheinen Massenproteste gegen die betreffenden nationalen Regierungen zu sein, um sie zu einer Abkehr von ihrer beispielsweise US-konformen Außenpolitik zu zwingen. Massenproteste sollten von den europäischen Regierungen und damit der EU fordern, ihren rigiden Transatlantismus aufzugeben. Aber wieviel kollektive Energie muss aufgewendet werden, um der Kritik Wirkung zu verschaffen? Wieviel tausend Kritiker sind erforderlich, um gehört zu werden, und wie kann man überhaupt tausende Kritiker mobilisieren? Skepsis ist leider auch hier angebracht, wenn vielleicht auch weniger als bei einer Demokratisierung der Vereinten Nationen. Die Demonstration von 350.000 Teilnehmern gegen den NATO-Doppelbeschluss 1981 in Bonn soll jedoch von einem Regierungsvertreter damals mit den Worten *„Die demonstrieren, wir regieren."* kommentiert worden sein. Worte, die an „L'Etat c'est moi" Ludwigs XIV. erinnern, die zur Charakteristik des Absolutismus wurden.

9. Fazit

Rückblickend ist folgendes festzuhalten. Wer sich heutzutage mit Politik befasst, muss sich wohl mehr denn je die Frage stellen, welchen Medienberichten man vertrauen kann. Die Antwort ist: Blind vertrauen sollte man keinen Medienberichten. Notwendig ist, die Rolle eines Advocatus Diaboli einzunehmen. Im katholisch kirchlichen Prozess war es die Aufgabe des Advocatus Diaboli Gegenargumente gegen die Heilig- oder Seligsprechung einer Person hervorzubringen. Bei der Beurteilung von Medienberichten ist es seine Aufgabe, Gegenargumente gegen die Berichterstattung vorzubringen, die die Medien nicht liefern. Voraussetzung dafür ist ständiges Hinterfragen und umfassendes Faktenwissen als Grundlage für realistische Schlussfolgerungen.

Welche Fakten liegen vor in Bezug auf die norwegischen Parlamentswahlen von 2013? Zum einen war es wesentlich die ökonomische Politik des Sich-Kaputtsparens, die einen Regierungswechsel begünstigte. Über diese Politik konnte man sich in den norwegischen Medien und der norwegischen Alltagswirklichkeit informieren. Zum anderen sind es die Entwicklung der norwegischen Fortschrittspartei in Richtung Koalitionsfähigkeit und der Vergleich von Parteiprogrammen. Aufschlussreich ist besonders der Vergleich der Programme von Fortschrittspartei und deutscher CSU im Hinblick auf das Flüchtlingsproblem, der eine glatte Übereinstimmung zeigt in Bezug auf eine real existierende gesellschaftliche Belastbarkeitsgrenze, die nicht einfach mit dem Vorwurf Fremdenfeindlichkeit/-haß abgetan werden kann. Während in Deutschland die Koalition von CSU und CDU normale politische Realität ist, wird die Koalition von Fortschrittspartei und der der CDU verwandten norwegischen Høyre-Partei in deutschen Leitmedien als dramatischer Rechtsruck dargestellt. Die Fakten sprechen gegen eine solche Darstellung, die das Resultat von Unkenntnis bzw. ideologisch motiviertem Übersehen von Fakten ist.

Welche Fakten liegen vor in Bezug auf die Westen-Russland-Krise? Besser: Welche Indizien gibt es für eine aggressive Russland-Politik der USA? Das grundlegende Indiz ist, dass die USA ihren Status als einzige Weltmacht von Russland – und China wie auch anderen aufstrebenden Mächten – bedroht sehen und neokonservativer Imperialismus zur Zeit die amerikanische Außenpolitik beeinflusst.[92] Die dem untergeordneten Indizien seien hier noch einmal in chronologischer Reihenfolge kurz aufgelistet.

Zwischen 1999 und 2004 bot die US-dominierte NATO allen ehemaligen Ostblockländern und den ehemaligen Sowjetrepubliken des Baltikums die Mitgliedschaft an und nahm diese Länder schließlich in ihre Reihen auf, entgegen recht wahrscheinlichen mündlichen Versicherungen der bis Dezember 1991 existierenden Sowjetunion gegenüber, von einer Osterweiterung abzusehen.[93]

Schon 1992 trat Georgien dem „North Atlantic Cooperation Council" der NATO bei und ging danach eine immer weitere Zusammenarbeit mit der NATO ein.[94] 2004 wurde Micheil Saakaschwili mit kräftiger Unterstützung amerikanischer Nichtregierungsorganisationen zum Präsidenten gewählt und eine umfangreiche amerikanische Militärhilfe gestartet. Das sah nach einer weiteren Einkreisung Russlands aus, galt aber auch der Sicherung der Baku-Tblisi-Ceyhan-Ölpipeline vom Kaspischen Meer zur östlichen türkischen Mittelmeerküste, deren georgischer Abschnitt 2005 eingeweiht wurde.[95] Eine Konkurrenz zum russischen Ölgeschäft in Europa.

2010 begann die NATO mit der Planung eines Atomraketenabwehrsystems gegen vor allem den Iran und Nordkorea. Nach dem völligen Ausbau dieses Systems verlöre aber Russland seine Zweitschlagskapazität, was einen US-Erstschlag ermöglicht.[96]

2014 wurde der Maidan-Aufstand in Kiew, der im Kern gegen Korruption und Misswirtschaft gerichtet war, von den USA zu einem Putsch genutzt, um eine amerikafreundliche, d.h. antirussische Regierung in Kiew einzusetzen[97] und die Einkreisung Russlands weiterzutreiben. Statt eines Protestes der EU unterzeichnete diese ein

Assoziierungsabkommen mit der Ukraine. Dieses Abkommen ist ein besonders starkes Indiz für die aggressive Russlandpolitik der USA und der ihr hörigen EU. Aus welchen Gründen hätte die EU sonst einen so fragilen Staat wie die Ukraine an sich binden sollen? Und warum wurde Russland mit seiner engen historischen und wirtschaftlichen Beziehung zur Ukraine nicht in die Verhandlungen einbezogen? Bei der Unterstützung Griechenlands stellt man harte Bedingungen, bei der Ukraine ist man mehr als großzügig.

Der Anschluss der Krim an Russland, zu dem sich Russland durch das Assoziierungsabkommen veranlasst sah, um seine Marinebase auf der Krim zu sichern, weil es eine künftige NATO-Mitgliedschaft der Ukraine befürchten musste[98], wird vom Westen, nicht der Wirklichkeit entsprechend, beharrlich als Beweis dafür angeführt, dass Russland wieder das Territorium der Sowjetunion umfassen soll.[99]

Kurz nach dem Abschuss eines malaysischen Passagierflugzeuges über der Ostukraine am 17.7.2014 wurde Russland für den Abschuss verantwortlich gemacht, obwohl die Schuldigen bis heute nicht benannt werden können.[100] Darauf wurden mit dieser einen jeglichen Beweis entbehrenden Schuldzuweisung weitere Sanktionen gegen Russland verhängt.[101]

Die westliche Behauptung einer Restauration der sowjetischen Grenzen wurde als Anlass genommen, die Präsenz der NATO an den Grenzen zu Russland zu erhöhen.[102]

Im Nahen Osten haben die USA sich schon seit den 1950er Jahren eingemischt, um die Versorgung mit Öl zu sichern und den Einfluss der Sowjetunion zu begrenzen. Dabei haben sie sich schon früh des „Heiligen Krieges" der Araber bedient.[103]. Indirekt haben sie über die CIA den IS und die al-Nusra-Front (ab 2016 Fatah al-Sham), einen al-Qaida-Ableger, mit deren Alliierten unterstützt, um al-Assad zu stürzen und damit den Einfluss des Iran und Russlands in der Region zu begrenzen.[104] 2012 haben sie allerdings al-Nusra auf die Liste der Terrororganisationen gesetzt, die 2016 endlich mit al-Nusra-Alliierten erweitert wurde. Ganz im Sinne ihrer Anti-Assad-Strategie machten die USA bereits 1 Woche nach dem Giftgasangriff in der syrischen Region Ghuta am 21.8.2013 al-Assad für den Angriff verantwortlich, obwohl der spätere Sellström-Bericht der UNO keine Schuldigen benennt und diese auch bis heute unbekannt sind.[105] In Bezug auf Russland geht es um die Stabilisierung der russlandnahen Region, um die Existenz seiner Marinebase im syrischen Tartus und um die Katar-Saudi-Arabien-Jordan-Syrien-Türkei-Gaspipeline, die Europa von russischen Gaslieferungen unabhängig machen soll.[106]

Nun kann man wie die Leitmedien der Auffassung sein, dass die Osterweiterung von NATO wie auch EU kein Indiz für westliche Aggressivität gegen Russland sei, da ja die betreffenden Staaten selbst um eine Mitgliedschaft in diesen Organisationen nachgesucht haben, was ihr gutes Recht sei. Dabei übersieht man allerdings bewusst oder unbewusst, dass die beiden Organisationen entgegen aller geopolitischen Verantwortung [107] die Tür für neue Mitglieder weit offenhalten, mit dem Ziel, den Handlungsspielraum des Konkurrenten Russland einzuschränken und das Weltmachtmonopol der USA zu bewahren.

Diese Indizien entlarven die Berichterstattung deutscher Leitmedien über die Westen-Russland-Krise als Propaganda und geben damit kritischen Medien/Publikationen recht.

Die EU muss angesichts der genannten Indizien für eine aggressive amerikanische Russlandpolitik ihre Nibelungentreue gegenüber den USA aufgeben, endlich Russlands **reaktive** Außenpolitik verstehen und eine Mittlerrolle zwischen den USA und Russland einnehmen.[108] Europa darf nicht wieder zum Glacis der USA gegen Russland werden wie in den Zeiten des ersten Kalten Krieges. Es muss sich für ein Sicherheitssystem auf multipolarer Grundlage einsetzen. Europa hat die Kraft, sich gegen die USA durchzusetzen. Zuerst bedarf es einer neuen Ostpolitik! Diese Forderung kann nicht einfach mit dem Argument abgelehnt werden, dass Putin ein Kriegsverbrecher sei, der lediglich Zivilisten töte –

als ob es keinen IS gäbe und Zivilisten von diesem nicht als Schutzschilde verwendet würden. Warum klagt man nicht George Bush Jr. als Kriegsverbrecher an, der mit seinem durch eine amerikanische Lüge ausgelösten Irak-Krieg tausende zivile Iraker getötet hat und die Grundlage für die Bildung des IS gelegt hat? Die ersten Aufgaben einer neuen Ostpolitik müssen sein, Kiew endlich massiv zu zwingen, seine Verpflichtungen gegenüber dem Minsk-II-Abkommen zu erfüllen, die Russlandsanktionen, die nur russische antiwestliche Ressentiments bestärken, aufzuheben, sowie die vorherigen wirtschaftlichen Beziehungen zu Russland wiederherzustellen und zu intensivieren. Des Weiteren muss eine von den USA unabhängige, schlagkräftige europäische Armee unter Ausnutzung der NATO-Struktur aufgebaut werden, um der EU machtpolitisches Gewicht zu verleihen – allerdings nicht, um Weltpolizist zu spielen. Schließlich muss die neue Ostpolitik um eine neue Westpolitik ergänzt werden, die für eine schrittweise Abwicklung der amerikanischen Basen in Europa sorgen muss – unter Aufrechterhaltung guter Beziehungen zu den USA – , um von der riskanten amerikanischen Außenpolitik gänzlich unabhängig zu werden. Und da die USA die Dollar-Leitwährung außenpolitisch als Waffe in Form von hohen Geldstrafen gegen alle einsetzen, die der riskanten amerikanischen Außenpolitik nicht folgen, muss Europa sich auch von der Dollar-Leitwährung befreien. Schafft Europa das vorerst insgesamt nicht, müssen die Willigen damit beginnen. Europa kann nur als Einheit dem Schicksal entgehen, Spielball von Großmächten zu werden.

Zum Schluss die Konklusion in 1 Satz: Das Assoziierungsabkommen der EU mit der Ukraine und die „regime change"- Politik der USA in Syrien haben das Fass zum Überlaufen gebracht und nicht Putin, wie die westliche Propaganda behauptet.

10. Nachwort

Die bürgerliche Koalitionsregierung war jetzt in Norwegen volle 4 Jahre an der Macht. Ein Rechtsruck hat, wie 2013 in deutschen Leitmedien prognostiziert, nicht stattgefunden. Die Zusammenarbeit der als rechtspopulistisch charakterisierten Fortschrittspartei mit ihren Partnern hat die Gleichsetzung dieser Partei mit dem französischen Front National und der niederländischen Partij voor de Vrijheid eindeutig widerlegt. Dass der Fortbestand dieser Koalition nicht glückte, hatte vor allem koalitionsinterne Gegensätze zur Ursache, die zwar nicht grundsätzlicher, sondern gradueller Art sind, aber doch den Fortbestand verhindert haben. So geht es in der Milieu-Politik um den Grad der Erhöhung des Benzin-/Dieselpreises, bei der Bekämpfung der durch den Ölpreisverfall verursachten Arbeitslosigkeit um die Höhe der dazu erforderlichen finanziellen Mittel, bei Privatisierungen im öffentlichen Sektor um deren Umfang und in der Flüchtlingspolitik um den Grad der Begrenzung der Zuwanderung mit Hinblick auf die Integrationsmöglichkeiten.

Und Donald Trump ist nun Präsident der USA, doch die Diffamierung Trumps in den Leitmedien wird damit nicht zu Ende sein. Berechtigte Kritik an seiner Politik und der erbitterte Kampf des neokonservativen Establishments gegen seinen Machtverlust können miteinander verschmelzen und die Grundlage für ein Impeachment-Verfahren oder zumindest die Verhinderung einer Wiederwahl Trumps schaffen – sehr wahrscheinlich zum Schaden einer Abkehr von der „regime change"-Politik zur Amerikanisierung der Welt und der Hinwendung zu einer Entspannungspolitik gegenüber Russland, die dem Weltmachtmonopol-Anspruch der Neokonservativen im Wege stehen würden. Wie in einer Bananenrepublik wird das Wahlergebnis nicht akzeptiert, und die Verlierer der Wahl streben mit allen möglichen Mitteln einen „regime change" im eigenen Land an – unter dem Beifall deutscher Leitmedien und Politiker. Der Streit zwischen Wahlverlierern und -gewinnern macht die Politik unberechenbar. Unklar ist zudem, inwieweit die Unberechenbarkeit dem Hin und Her zwischen Administration und Opposition oder aber auch der mit internen Konflikten belasteten Trump-Administration bzw. Trump selbst geschuldet ist. Trump jedoch als geistesgestört zu bezeichnen, erinnert z.B. an die Sowjetunion, wo politische Dissidenten in psychiatrische Kliniken eingesperrt wurden. Er hat jedenfalls – abgesehen von aller Kritik – in Bezug auf seine Wahlversprechen und dem Versuch ihrer Realisierung bisher ziemliche Kontinuität gezeigt. Anderseits offenbaren seine jüngsten Äußerungen zu Nordkoreas Drohungen mit Atomraketen und zu den Unruhen in Maduros Venezuela[109], dem er mit Invasion droht, eine beunruhigende Unprofessionalität. Wo ist seine friedliche „dealmaking"-Politik und seine Anti-„regime change"-Politik abgeblieben? Oder sind das nur Beruhigungspillen für die „Neocons"? Diese sollten allerdings nun nach Trumps Bruch des Atomabkommens mit dem Iran beruhigt sein, weil dieser Bruch der Trump mit Hilfe der Leitmedien massiv vorgeworfenen Abhängigkeit von Russland widerspricht und eine ernste Konfrontation mit Russland bedeutet, dass sich den US-Sanktionen gegen den Iran nicht anschließen wird.

Auch in der EU und so auch in Deutschland kämpft das Establishment gegen seinen Machtverlust. Kritik, vor allem an der regierungsamtlichen Anti-Russlandpolitik, gerät neuerdings in Gefahr, als Falschmeldung (fake news) abgestempelt zu werden. Zuständig für die Abstemplung in Deutschland ist das sogenannte gemeinnützige Recherchenzentrum Correctiv. Sind Falschmeldungen jedoch stets eindeutig zu identifizieren? Können sie nicht auch aufgrund mangelnder Kenntnisse zustande kommen? Und wie soll man Propaganda einstufen, die die Wirklichkeit ideologisch verzerrt, also falsch darstellt – wie z.B. durch das Verschweigen des Assoziierungsabkommens der EU mit der Ukraine als Ursache der russischen Reaktionen? Auch politische Dämonisierung wie z.B. das permanente sogenannte „Putinblaming" der Leitmedien verzerrt die Realität und fördert gefährliches schwarzweißmalendes Denken. Wie will man Satire bewerten, die politische Realität mit Hilfe von Absurdität kritisiert? Correctiv entschied z.B., dass die Russen die US-Wahl gehackt haben, womit ein Artikel, der das bezweifelt, den Stempel „Falschmeldung" bekommt, obwohl der

Zweifel berechtigt ist. Der betreffende Artikel wird dann in Facebook als unglaubwürdig eingestuft. Das kann weiter dazu führen, dass das betreffende Medium, das den Artikel veröffentlichte, Werbeeinnahmen verliert, was letztlich zum Konkurs und damit einer Einschränkung der Pressefreiheit und - vielfalt führen kann. Im Zuge der von der Regierung von Facebook verlangten Falschmeldungskampagne kann es leicht zu einem neuen McCarthyismus kommen. Übereifrige Mitarbeiter von Correctiv können – im Auftrag der Regierung – Regierungs- kritiker denunzieren.[110] Es wäre schlimm, wenn die Pressefreiheit und die – schon beschränkte – Pressevielfalt nicht mehr zu den vielgepriesenen westlichen Werten gehören würden, mit denen man so stolz Front macht gegen Nichtdemokratien. Das Interesse an einer Ausschaltung noch vorhandener kritischer Medien zugunsten der Leitmedienpropaganda ist jedenfalls erschreckend.

Spannend zu sehen wird sein, welche Auswirkungen die Wahl Donald Trumps und die Bundestagswahl 2017 mit dem schlechten Abschneiden von CDU und CSU auf die deutsche Außenpolitik haben werden. Wird eine Neuauflage der brandtschen Ostpolitik den bisherigen rigiden Transatlantismus ablösen? Oder siegt eine völlig widersinnige Politik der Stärke (s. Abb. 5)?

Abbildungen

Nato-Konzept einer kugelsicheren Weste

Abb. 1, s. Kap. 3.1.3 (Quelle: Jupp Wolter (Künstler), Haus der Geschichte, Bonn)

Abb.2, s. Kap. 3.2.2 (Quelle: commons.wikimedia.org/wiki/File: Baku_pipelines.svg – author: Thomas Blomberg, 10.8.2008)

Abb. 3, s. Kap. 3.2.4.1.1 (Quelle: commons.wikimedia.org/wiki/
File:Kievan-rus-1015-1113-(en).png – author russian version:
Yuri Koryakov/english translation:Hellerick, 30.7.2009)

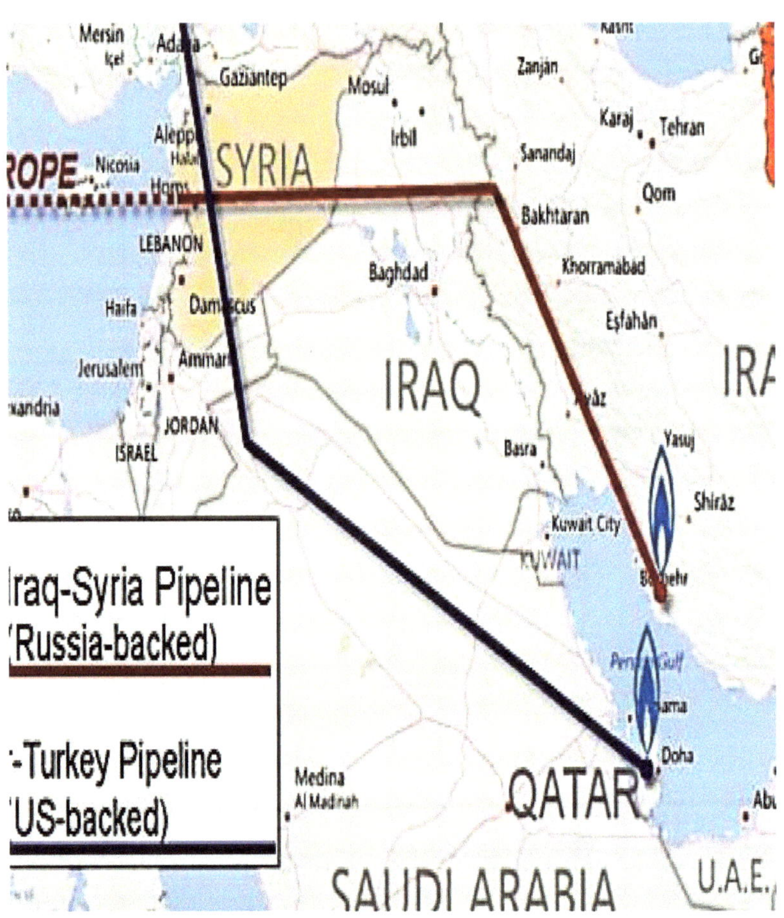

Abb. 4, s. Kap. 3.2.5 (Quelle: oil-price.net/en/articles/oil-prices-gyrate-on-risk.php – article by Steve Austin, 18.4.2017)

Rüstungsausgaben USA, China, Russland

Abb. 5, s. Kap. 4 (Datenquelle: Stockholm International Peace Researche Institute, Databases, Military Expenditure Database 2018)

Anmerkungen

1) Der Spiegel 4/2016, S.17 (Graphik)

2) heise.de/tp/artikel/41/41551/1.html (Grüne und Linke auf der Atlantik-Brücke) • deutsche-wirtschafts-nachrichten.de/ 2015/ 09/11/das-ist-nicht-sein-job-ard-star-thomas-roth-moderiert-bei-atlantik-bruecke • heise.de/tp/features/Jan-Fleischhauer-die-Atlantik-Bruecke-und-die-CIA…

3) s. Kap. 3.1.1 • de.wikipedia.org/wiki/ American_Council_on_ Germany • de.wikipedia.org/wiki/Council_on_Foreign_ Relations • heise.de/tp/features/der-klub-der-weisen-maenner-3419681.html • Hermann Ploppa: Die Macht hinter den Kulissen – Wie transatlantische Netzwerke heimlich die Demokratie unterwandern, Frankfurt a.M. 2018[8], NomenVerlag • theglobalist.com/peace-corps-u-s-image-abroad/ • heise.de/ tp/artikel/49/49599/1.html (Was US-Stiftungen in Russland fördern)

4) bpb.de/izpb/7522/wie-sich-medien-finanzieren

5) Thomas Meyer: Die Unbelangbaren. Wie politische Journalisten mitregieren, Berlin 2015, edition suhrkamp • Uwe Krüger: Meinungsmacht. Der Einfluss von Eliten auf Leitmedien und Alpha-Journalisten – eine kritische Netzwerkanalyse, Köln 2013, Herbert von Halem • freitag.de/autoren/maennlicherlinker /Leitmedien-im-kriegstaumel • Jens Wernicke: Lügen die Medien? – Propaganda, Rudeljournalismus und der Kampf um die öffentliche Meinung, Frankfurt a.M. 2017, Westend Verlag

6) FRP Prinsipprogram 2013-2017, S.2 (Übers.d.Verf.)

7) Duden: Das große Wörterbuch der deutschen Sprache, hrsg. u.bearb. vom Wissenschaftlichen Rat u. den Mitarbeitern der Dudenredaktion unter Leitung von Günther Drosdowski, 8 Bd., Mannheim/Leipzig/Wien/Zürich 1993[2]

8) zeit.de/2013/37/norwegen-wahl-premierminister-jens-stoltenberg

(Norwegen wählt einen erfolgreichen Premier ab?)

9) PVV Verkiezingsprogramma 2012-2017, S.37 (Übers.d.Vef.)

10) FRP Handlingsprogram 2013-2017, S.38 (Übers.d.Verf.)

11) CSU Grundsatzprogramm 2007, S.149

12) arbeiderpartiet.no/politikken-a-aa/partiprogram-2013-2017, pdf S.8 (Übers.d.Verf.)

13) NOU 2004:20 – regjeringen.no, Ny utlendingslov, 3.5.3 Innvandringsstoppen i 1975

14) heise.de/tp/artikel/42/42784/l.html (Ukraine-Konflikt: ARD-Programmbeirat bestätigt Publikumskritik)

15) Independent International Fact-Finding Mission on the Conflict in Georgia der EU vom Sept. 2009, S.19 im 1.Bericht

16) consortiumnews.com/2016/07/17/mh-17-two-years-of-anti-russian-propaganda

17) Der Spiegel 31/2016, S.90 f. (Angriff der Bären)

18) understandingwar.org/report/jabhat-al-nusra-syria (Institute for the Study of War: Middle East Security Report 25, Dec. 2014, S. 11)

19) Robert F. Kennedy Jr.: Why the Arabs Don't Want Us in Syria…, Politico Magazine, 22.2.2016, Section 3, S.1 im Ausdruck • fr-online.de/syrien/christen-in-syrien- lieber-assad-als-der-is, 24136514,32197540.h… • heise.de/tp/artikel/46/46414/l.html (Wer steckt hinter dem syrischen Giftgas-Angriff?) • heise.de/tp/features/Folter-und-Massen-Hinrichtungen-Vorwürfe- gegen-den-Amnesty-Bericht

20) deutsche-wirtschafts-nachrichten.de/2016/02/10/merkel-und-nato-im-abseits-un-kommissarin-lobt-russlands-einsatz-in-syrien

21) Alexander Reichwein: Der amerikanische Neokonservativismus und seine Ursprünge, Ideen und Ziele, ZENAF
Arbeits- und Forschungspapiere1/2009 • consortiumnews.
com/2016/05/11/neocons-and-neolibs-how-dead-ideas-
kill/

22) Leo Strauss: The City and Man (Essay "On Plato's Repu-
blic"), Chicago 1964

23) deutsche-wirtschafts-nachrichten.de/2016/09/04/usa-hillary-
clinton-droht-russland-mit-krieg

24) s. Anm. 21) Alexander Reichwein, S. 3 im Ausdruck

25) history.com/this-day-in-history/eisenhower-warns-of-military-
industrial-complex (1961)

26) deutsche-wirtschafts-nachrichten.de/2016/07/24/trump-fordert-
radikale- kehrtwende-in-der-us-außenpolitik

27) spiegel.de/politik/ausland/einwanderungsreform-in-den-usa-
was-bedeutet (Obamas Grenz-Erfahrung)

28) levantreport.com/2015/05/19/2012-defense-intelligence-
agency-document-west-will-facilitate-rise-of-islamic-state-
in-order-to-isolate-the-syrian-regime

29) wissenschaft-und-frieden.de/seite.php?artikelID=1765 (Rake-
tenabwehr in Europa)

30) eur-lex.europa.eu/legal-content/EN/ALL/?uri=CELEX:
22014A0529(01) (Association Agreement between the
European Union… and…Ukraine, Title II, Article10)

31) nato.int/cps/en/natohq/official_texts_24733. htm (Study on
NATO Enlargement, 03-Sep.-1995, Chapter 1, B.,6.)

32) nato.int/cps/en/natohq/topics_119353. htm?selectedLocale=en
(Readiness Action Plan)

33) infosperber.ch/Politik/Syrien-ein-Krieg- um-Gas-und-Ol

34) zeit.de/2014/35/putin-weltanschauung- alexander-dugin
(Putins Dämon?) • monde-diplomatique.de/pm/2014/06/
13. mondeText.artikel,a0051.idx,14 (Die Wiederentdeckung
Eurasiens) • nachdenkenseiten.de/?p=22496 (Separati-
sten in der Ostukraine– die Geister, die wir riefen)

35) eeas.europa.eu/headquarters/headquarters-homepage/330/
european-neighbourhood-policy

36) nato.int/cps/en/natohq/official_texts_133169.htm?
selectedLocale=en (Warsaw Summit Communiqué)

37) Jupp Wolter (Künstler), Haus der Geschichte, Bonn

38) heise.de/tp/artikel/48/48662/1.html (EU:„Eine schlagkräftige Verteidigungsindustrie schaffen")

39) spiegel.de/spiegel/print/d-67871653.html (Absurde
Vorstellung) • nsarchive.gwu.edu/briefing-book/russia-
programs/2017-12-12/nato-expansion-what-gorbachev-heard

40) nytimes.com/2005/03/18/politics/george-f-kennan-dies-at-
101- leading-strategist-of-cold-war (Übers.d.Verf.)

41) pravda.ru/news/world/northamerica/usacanada/03-10-
2016/1314826-ulti (Putin vydvinul SŠA ul'timatum)

42) Arnim Wertz: Die Weltbeherrscher. Militärische und geheimdienstliche Operationen der USA, Frankfurt/Main 2015,
Westend Verlag, S. 240 ff.

43) s. Anm. 29)

44) allthingsnuclear.org/lgrego/2017-gmd-test-part-2 (What
You Should Know about the … Missile DefenseTest)

45) transparency.org/cpi2015/ (Transparency International –The
Global Anti-Corruption Coalition)

46) deutsche-wirtschafts-nachrichten.de/2016/09/03/iwf-steigt-
unauffaellig-aus-griechenland-rettung-aus

47) library.fes.de/pdf-files/aussenpolitik/00008.pdf (Die Ukraine)
• laender-analysen.de/ukraine/archiv.php Nr.12/26.9.2006 •
de.wikipedia.org/wiki/Krim

48) fit4russland.com/widerstand/839-umfrage-der-gfk-ukraine-93-
der-krim-einwohner-begruesst-beitritt-zu-russland •
slideshare.net/Novoe/gfk-report-freecrimea-44262700
(Sozial'no-polititscheskie nastroenija žitelej kryma, S. 2) •
heise.de/tp/features/separatismus-auch-jetzt-wuerden-noch-
fast-80-prozent-der-krim-buerger-fuer-die-sezession-stimmen

49) International Court of Justice: Accordance with International
Law of the Unilateral Declaration of Independence in
Respect of Kosovo, Advisory Opinion of 22 July 2010,S.37

50) s. Anm. 30)

51) dw.com/de/die-ukraine-hat-keine-wesentlichen-fortschritte-bei-
der-eu-annaeherung-erzielt

52) heise.de/tp/artikel/49/49481/1.html (Russland: Zwischen
Auslandseinfluss und Souveränität)

53) Halling,Steffen/Stewart,Susan: Die Ukraine inmittten der
Krise. Chancen und Probleme einer neuen politischen Kultur,
Stiftung Wissenschaft und Politik –Aktuell 15, März 2014, S.
2

54) Ukraine-Analysen Nr. 151, 13.5.2015, S. 14

55) en.kremlin.ru/events/president/ transcripts/24034 (Speech … at
The Munich Conference on Security Policy … ,10.2.2007, S. 8
im Ausdruck, Übers.d.Verf.)

56 nato.int/cps/en/natohq/official_texts_17120.htm (The North
Atlantic Treaty, Article 1)

57) deutsche-wirtschafts-nachrichten.de/2014/10/30/minus-26,3-
Prozent-deutsche-exporte-nach-russland-brechen-ein •
deutsche-wirtschaft-nachrichten.de/2017/01/22/russland-

sanktionen-deutschland-verliert-97.000-arbeitsplätze • Der Spiegel 42/2016, S. 28 ff. (Liebesgrüße aus Moskau) • deutsche-wirtschafts-nachrichten.de/2017-12-14/russland-sanktionen-treffen-deutschland-staerker-als-die-westlichen-grossmaechte

58) spiegel.de/politik/ausland/rede-zur-krim-putin-rechnet-mit-dem-westen-ab

59) sueddeutsche.de/politik/krim-annexion-putins-neues-russland-1.1916400

60) faz.net/aktuell/feuilleton/putins-grosse-rede-1285761.html

61) kremlin.ru/news/20603 (S. 5 im Ausdruck,Übers.d.Verf.)

62) s. Anm. 30)

63) s. Anm. 42), S. 234

64) spiegel.de/politik/ausland/interview-mit-guenther-verheugen-putin-ist-nicht-stalin-…

65) s. Anm. 61) (S. 4 im Ausdruck,Übers.d.Verf.)

66) Russland-Analysen Nr. 289, 30.1.2015, S. 2 ff.

67) s. Anm. 65)

68) consortiumnews.com/2016/10/03/do-we-really-want-nuclear-war-with-russia/

69) heise.de/tp/artikel/44/4447971/.html (NATO – Militärbudgets im Widerstreit, Quelle: SIPRI – Military Expenditure Database 2015)

70) s. Anm. 42), S. 103 ff., 281 ff.

71) s. Anm. 19) Robert F. Kennedy Jr. (Section 4, S. 2 im Ausdruck) • deutsche-wirtschafts-nachrichten.de/2016/01/17/isis-terroristen-kaufen-waffen-aus-aller-herren-laender • deutsche-wirtschafts-nachrichten.de/2016/12/18/wer-in-

syrien-wirklich-kaempft • s.Anm.102) • deutsche-wirtschafts-nachrichten.de/ 2017/02/12/ft-enthuellt-cia-war-drahtzieher-in-syrien

72) s. Anm. 18) S. 11, 43 ff.

73) s. Anm. 28)

74) deutsche-wirtschafts-nachrichten.de/2016/09/03/energie-krieg-um-syrien-kaempfe-nur-entlang-kuenftiger-pipelines • s. Anm. 33)

75) deutsche-wirtschafts-nachrichten.de/2016/09/22/nato-keine-spekulation-ueber-angriff-auf-un-hilfskonvoi-in-syrien

76) deutsche-wirtschafts-nachrichten.de/2016/10/05/us-regierung-diskutiert-offen-ueber-krieg-gegen-russland

77) euractiv.com/section/global-europe/news/epp-eu-should-tell russia-we-are-ready-to-go-to-war (Übers.d.Verf.)

78) s. Anm. 21) Alexander Reichwein, S. 1 im Ausdruck

79) s. Anm. 69)

80) SIPRI Databases: Military Expenditure Database 2017

81) s. Anm. 42), S. 325

82) s. Anm. 42), S. 279 ff. • s. Anm. 52)

83) Thomas Fasbender: Freiheit statt Demokratie. Russlands Weg und die Illusionen des Westens, Waltrop und Leipzig 2014[2], S. 324, 337, Lichtschlag in der Edition Sonderwege

84) consortiumnews.com/2017/02/26/assessing-diversity-on-russian-tv • s. Ende von Kap. 8.

85) s. Anm. 64)

86) deutsche-wirtschafts-nachrichten.de/2016/08/28/us-milliardaer-schafft-eigene-protest-truppe-fuer-niedrige-zinsen

87) William Cohan: Wealth of Nations. On Wall Street, Nobody's Putting the Big Short on Hillary, Politico Magazine 16.12.2015 (S. 2 f. im Ausdruck) • deutsche-wirtschafts-nachrichten. de/2016/07/02/ruestungs-industrie-finanziert-wahlkampf-von-hillary-clinton • handelsblatt.com/politik/international/wahlkampf-in-den-usa-wie-viel-kostet-ein-us-präsident • heise.de/tp/artikel/48/48353/1.html (Die gelenkte Vorwahl) • heise.de/tp/features/In-den-USA-gehen-sechs-Millionen-Stimmen-verloren

88) consortiumnews.com/2016/08/26/the-high-cost-of-american-hubris/ (Übers.d.Verf.)

89) s. Ende von Kap. 8.

90) Deutscher Journalisten-Verband e.V., Positionspapier – Finanzierung des Journalismus, Stand 25.08.2014

91) Joe Leinen/Andreas Bummel: Das demokratische Weltparlament – Eine kosmopolitische Vision, Bonn 2017, Dietz Nachf. GmbH

92) deutsche-wirtschafts-nachrichten.de/?s=top-milit%C3%A4r%3A+die+usa+werden+ihre+rolle+als+imperium+verlieren • tandfonline.com/doi/full/10.1080/13569770902858111 (The moral purpose of US power: neoconservatism in the age of Obama • s.Anm.21)

93) s. Anm. 39)

94) nato.int/cps/en/natohq/topics_38988.htm?selectedLocale=en (Relations with Georgia, S. 8 f. imAusdruck)

95) rferl.org/a/1062066.html (Georgia:Regional Leaders Inaugurate Oil Pipeline Amid Environmental Concerns) • s. Anm. 42), S. 240

96) s. Anm. 29) • heise.de/tp/artikel/46/46950/1.html (In Rumänien wurde der erste Stützpunkt des US Raketenabwehrschilds eröffnet) • s. Anm. 44)

97) Ukraine-Analysen Nr. 127, 11.2.2014, S.13 • s. Anm. 42), S.
279 • bbc.com/news/world-europe-26079957 (Ukraine crisis:
Transcript of leaked Nuland-Pyatt call) • freitag.de/
autoren/hans-springstein/obama-bestaetigt-us-geführten-
putsch-in-kiew

98) s. Kap. 3.2.4.2.1

99) s. Kap. 3.2.4.3

100) s. Anm. 16)

101) managermagazin.de/politik/weltwirtschaft/a-983110.html (EU
drängt auf rasche Sanktionen gegen Russland)

102) s. Anm. 32)

103) s. Anm. 19) Robert F. Kennedy Jr. (Sektion 1, S. 3 im Ausdruck)

104) s.Anm. 28) • judicialwatch.org/press-room/press-
releases/judicial-watch-defense-state-department-
documents-reveal-obama-administration-knew-that-al-qaeda-
terrorists-had-planned-benghazi-attack-10-days-in-
advance

105) un.org/sg/en/content/highlight/2013-12-13.html (Secretary-
General to brief General Assembly on Syria Chemical Weapons
Report, 13.12.2013) • un.org/en/2016/dc3668.doc.htm

106) s. Anm. 33), 74)

107) s. Kap. 3.2.1

108) Gabriele Krone-Schmalz: Russland verstehen. Der Kampf um
die Ukraine und die Arroganz des Westens, München 2015,
C.H.Beck • Gabriele Krone-Schmalz: Eiszeit – Wie Russland
dämonisiert wird und warum das so gefährlich ist, München
2017³, C.H.Beck • deutsche-wirtschafts-
nachrichten.de/2015/09/27/kluger-ratschlag-aus-princeton-
europa-muss-sich-von-den-usa-emanzipieren

109) ocnsortiumnews.com/2017/08/10/hurtling-toward-fire-and-
fury/ • deutsche-wirtschafts-nachrichten.de/2017/08/12/
trump-haelt-militaerschlag-in-venezuela-für-option

110) deutsche-wirtschafts-nachrichten.de/2017/01/22/erste-
vorgabe-des-deutschen-zensors-putin-hat-us-wahl-gehackt

Register

Afghanistan 21, 24, 30 f.

al-Assad 8, 21 f., 29, 32,
  57, 71, 79 f.

Allende, Salvador 19

al-Nusra 57, 79 f.

al-Qaida 21, 57, 79

al-Sham 79

American Council on
Germany 9

American Exceptionalism
  23, 35

Arbeiderparti 12

ARD 20, 73

Atlantik-Brücke 9

Atomwaffen 27, 29, 36, 52,
  62

Baath Partei 57

Bahr, Egon 20

Baku-Tblisi-Ceyhan-
Ölpipeline 78, 86

Baltikum, baltisch 7, 34, 36
  f., 53, 56, 60, 78

Bandera, Stepan 42, 49

Breivik, Anders 12, 16

Breschnew, Leonid 65

Bush, George 29, 81

Buzek, Jerzy 48

CDU 7, 12 f., 15, 17, 77, 84

China 23, 28 f., 52, 62, 78,
  89

Chruschtschow, Nikita 42

CIA 9, 25, 57 f., 63, 79

Clinton, Hillary/Bill 20, 26
  ff., 38, 66, 75

Cordes, Eckhard 52

Correctiv 83 f.

Council on Foreign Relations
  9

CSU 17 f., 77, 84

DDR 10, 43

Demokraten (USA) 29, 66
  f., 75

Doschd' 65

Dugin, Alexander 33

Duma 45, 47

*E*cho Moskwy 65

Eindämmung/Einkreisungs-
politik, Einkreisung 38 f.,
50, 54, 78

Eisenhower, Dwight 25, 57

Erweiterungspolitik der EU
34

Establishment 67, 82 f.

Eurasische Bewegung/
Union, Eurasismus, eurasisch
33 f., 49

Europäische Volkspartei 60

*F*acebook 66, 72 f., 84

failed states 21, 24, 33, 75

Falschmeldung 83

Flüchtlinge, Flüchtlings- 8,
16, 18, 22, 26, 70, 82

Focus 12, 15

Fortschrittspartei, Frem-
skrittsparti 7, 11 ff., 77, 82

*Frankfurter Allgemeine
Zeitung* 12, 15, 54 f.

Freudenstein, Roland 60

Front National 12, 16, 82

*G*addafi, Muamar 71

Gaidar, Yegor 64

Gaspipeline 32, 58, 80

Genscher, Hans-Dietrich 20

Gorbatschow, Michail 43,
64

Ghuta 80

*H*eiliger Krieg 57, 79

Høyre 7, 12, 15, 77

Herzog, Roman 20

*I*mpeachment 82

Interventionismus,Interven-
tionisten, interventionistisch
(USA) 9, 23 ff., 33

IS, ISIS, Islamischer Staat
27 ff., 32, 58, 71, 79, 81

Islam, Islamisten, islamisch
16, 22, 28, 32, 44, 57, 71

Isolationismus, isolationis-
tisch (USA) 23 f., 26, 75

IWF (Internationaler Wäh-
rungsfonds) 44

*J*anukowytsch, Wiktor 42 f.,
47, 50, 63